Sabine Lohf

Bastelspaß mit Papier

Lustige Ideen rund ums Jahr

OZ creativ

Frühling

Sommer

Herbst

Winter

Basteln fast umsonst

Papier ist ein herrliches Spiel- und Bastelmaterial. Es lässt sich falten, knüllen, reißen, schneiden kleben, bemalen. Dadurch ergeben sich hunderte Gestaltungsmöglichkeiten. Papier ist außerdem in jedem Haushalt greifbar. Zeitungspapier, aber auch Brottüten, Kaffee-Filtertüten, Frischhalte- oder Alufolie lassen sich mit ein paar Farben und Klebstoff in witzige Gestalten verwandeln. Auch schon sehr kleine Kinder können aus Zeitungspapier und Alufolie einen Schneemann zusammenknüllen und -kleben. Etwas ältere Kinder versuchen es vielleicht einmal mit einem Filter-Flatterling.

In diesem Buch kommen möglichst viele und verschiedene Papiersorten zum Einsatz. Vom bedruckten Geschenkpapier über Transparent- bis zu Tonpapieren ist fast alles dabei, je nachdem was zu den Modellen gerade gut passt. So eignen sich Geschenkpapiere besonders gut für Collagen und Papierkleider wie zum Beispiel bei der schönen Gärtnerin oder den Kleidern der Heiligen Drei Könige.

Oder auch Papiertaschentücher, die sich zu Schneeflocken oder Blüten auseinander falten lassen, Schreibpapiere, Aquarellpapier, das man mit allen Farben des Regenbogens bemalen kann, Seidenpapiere, die mit eigenen Mustern bedruckt werden können. Außerdem Pappen, Schachteln, verschiedene Wellpappen und viele mehr.

Papierfalten ist im Gegensatz zu den vielen frei gestalteten Modellen in diesem Buch eine exakte, traditionelle Technik. Es fördert die motorische Geschicklichkeit der Hände und es erfordert Geduld. Die Faltformen müssen dem Kind von einem Erwachsenen gezeigt werden. Nach einigen Versuchen schaffen es die Kinder dann auch alleine und sind meistens sehr stolz.

Die Bastelmodelle in diesem Buch haben unterschiedliche Schwierigkeitsgrade, die jeweils durch kleine Sonnensymbole kenntlich gemacht sind.

Leichte Bastelarbeiten, die auch von den Kleinen bewältigt werden können, haben eine Sonne erhalten.

Etwas anspruchsvollere Modelle, die bereits etwas mehr Geschick im Umgang mit Schere, Stift oder Pinsel erfordern, sind durch zwei Sonnen gekennzeichnet.

Drei Sonnen haben die Basteleien erhalten, die in erster Linie für Schulkinder gedacht sind.

Grundsätzlich sind aber alle hier gezeigten Modelle mit Hilfe von Erwachsenen oder etwas älteren Kindern problemlos auch von jüngeren Kindern zu bewältigen.

Alle hier gezeigten Modelle sind als Anregungen gedacht. Sie und Ihre Kinder können die Modelle wie beschrieben nachbasteln, aber Sie können sie auch nach Ihren Vorstellungen und Ideen verändern. Vielleicht fallen Ihnen ja beim Basteln noch viele andere Möglichkeiten ein. Probieren Sie sie einfach aus. Und noch ein Tipp: Werfen Sie schöne Papiere niemals weg, sondern heben Sie sie in einer Mappe auf, so haben Sie zum Basteln immer viele Farben und Papiermuster zur Verfügung. Und die Papiere, die Sie sonst noch gebrauchen, finden Sie in gut sortierten Bastelgeschäften.

Viel Spaß beim Falten, Reißen, Schneiden und Basteln wünscht Ihnen und Ihrem Kind

Sabine Lohf

Bastelmaterialien im Überblick

Zeitungspapier

Zeitungspapier ist in jedem Haushalt vorhanden, also jederzeit griffbereit. Hüte und Schiffe aus Zeitungspapier hat bestimmt jeder schon einmal gefaltet. Und wer nicht mehr genau weiß, wie das geht, der findet auf der Seite 10 in diesem Buch eine Faltanleitung. Zeitungspapier lässt sich außerdem gut bemalen oder besprühen. In Streifen gerissen und mit Kleister bestrichen lassen sich aufgepustete Luftballons gut damit in haltbare dreidimensionale Objekte verwandeln.

Transparentpapier

Transparentpapier gibt es in verschiedenen Farben und Stärken. Die ganz dicke Variante heißt Architektenpapier. Welche Stärke man gebraucht, hängt von den jeweiligen Objekten ab. So ist zum Beispiel das Windrad des Käfers auf Seite 32 aus stärkerem Papier und die Fensterblumen auf Seite 18 aus dünnerem Papier. Transparentpapiere eignen sich gut für Objekte, durch die das Licht scheinen soll, wie Laternen.

Krepppapiere und Alu-Krepp

Krepppapiere und Alu-Krepp gibt es in Rollen und vielen verschiedenen Farben. Alu-Krepp ist etwas fester und glänzt besonders schön. Kleider, Haare und vieles mehr lassen sich aus diesem vielseitigen Papier herstellen. Beide Papiersorten kann man gut falten, kräuseln oder flechten und man kann sogar damit weben.

Verpackungsseide

Dieses sehr preisgünstige Papier eignet sich besonders gut zum plastischen Gestalten. Taucht man ganze Bögen dieses Materials in Kleister ein entsteht ein Papierbrei, mit dem auch schon sehr kleine Kinder Tiere und vieles mehr formen können.

Naturpapiere

Dazu gehören Japanseide, Strohseide und viele handgeschöpfte Papiere. Die Struktur dieser Papiere entsteht durch Gräser oder Kokosfasern. Das Papier ist leicht durchscheinend und sehr reizvoll als gebasteltes Kleid oder auch als Collagenpapier.

Papier-Filtertüten

Filtertüten sind durch die vorgegebene Tütenform besonders gut zum Basteln geeignet. Die Tüten bieten sich gleich als Kleider, Flügel oder Püppchen an. Das Papier ist außerdem stark saugfähig, so dass es sich gut mit Wasserfarben bemalen lässt. Wenn man das Papier zuerst mit Wasser bestreicht und dann die Farben hineintropfen lässt, entstehen oft wunderschöne Muster.

Metallpapiere und Hologramm-Folien

Metallpapiere glänzen und haben oft noch eine Sternchenprägung. Es gibt sie in vielen Farbtönen. Metallpapiere sind ziemlich stabil und lassen sich dennoch gut falten. Für Sterne, Königskronen oder Engel sind sie unverzichtbar. Ebenso Hologramm-Folien. Diese Folien sind auf der Rückseite mit einer Klebeschicht versehen. Sie lassen sich gut schneiden und auf andere Papiere kleben.

Tonkarton und Tonpapier

Tonkarton ist die stabilere Variante von Tonpapier. Beides gibt es in vielen schönen Farben. Tonkarton ist in diesem Buch Grundlage für viele der Papierbasteleien, wie zum Beispiel die Löwen-Schultüte auf Seite 62 oder der Hexenhut auf Seite 56. Tonpapier lässt sich gut falten und schon von kleineren Kindern problemlos mit der Schere schneiden.

Wellpappe

Wellpappe ist ein Material, das sich gut formen lässt und außerdem fast nichts kostet. Es lässt sich rollen, kleben und gut bemalen. Es ist außerdem wegen seiner dreidimensionalen Wirkung gut für Collagen geeignet.

Alu-Folie und Frischhaltefolie

Aus Alu-Folie lassen sich Bälle formen und kleben, aber auch viele andere Dinge. Man kann die Folie in Schnipsel reißen und in Collagen einarbeiten. Frischhaltefolie eignet sich, um Flügel für Insekten zu formen, oder als geklebte Wasserfläche für bestimmte Modelle.

Wichtige Faltanleitungen

Hut und Schiff

Hier noch einmal für alle, die nicht mehr genau wissen, wie es geht, die gebräuchlichsten Faltanleitungen für Hut, Schiff und Hexentreppe.

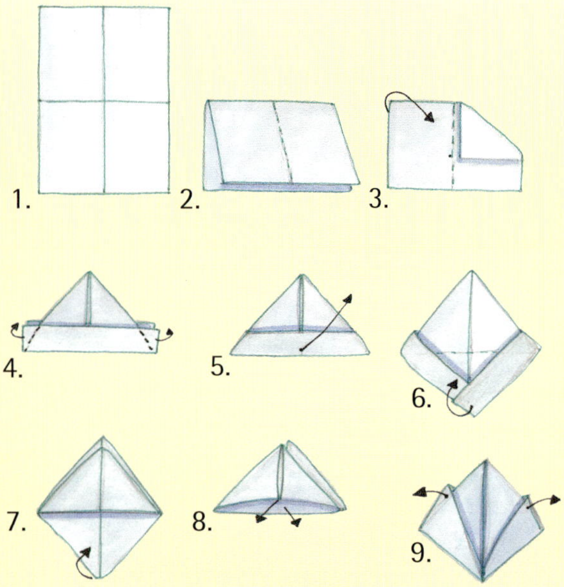

1. Das rechteckige Papier vor sich hinlegen.
2. Auf die Hälfte falten.
3. Die zwei oberen Ecken zur Mitte hin falten. Die überstehenden Streifen nach oben knicken – einen Streifen nach vorn, den anderen nach hinten.
4. Die seitlichen Dreiecke umknicken.
5. Jetzt hat man einen Hut! Den Hut auseinander ziehen und ...
6. ... die nach unten zeigenden Ecken nach unten ziehen.
7. Umdrehen und die andere Ecke nach oben klappen.
8. Auseinander ziehen und so hinlegen, dass die Spitzen nach unten zeigen.
9. An den markierten Punkten auseinander ziehen.

Fertig ist das Schiff!

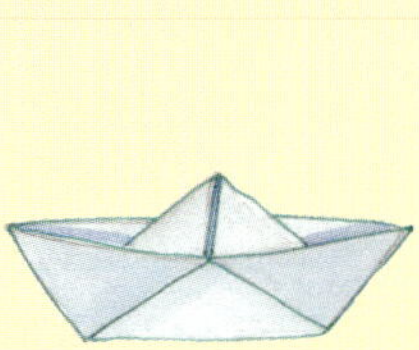

Hexentreppen

1. Zwei gleichlange Streifen im rechten Winkel übereinander legen.
2. Den unteren über den oben liegenden Streifen falten.
3. Dann faltet man immer wieder den unten liegenden Streifen über den oberen, so dass ein treppenähnliches Gebilde entsteht.
4. Die Enden der Streifen verkleben...
5. ... oder die Streifen noch einmal der Länge nach einschneiden und jeden Streifen für sich weiter falten. So entstehen zum Beispiel gleich die Beine für ein Männchen.

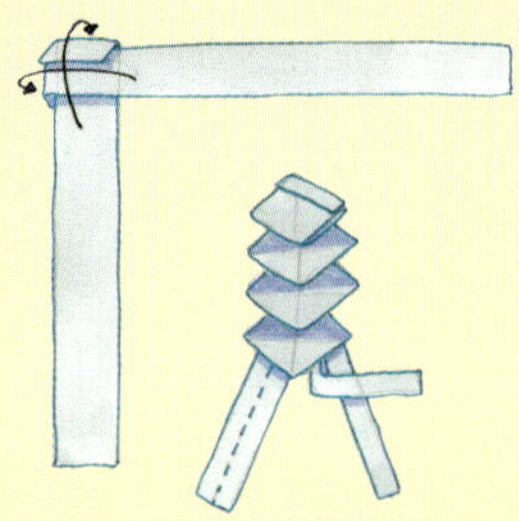

Checkliste fürs Basteln

Arbeitsplatz

- ☐ Hat Ihr Kind genügend Licht zum Arbeiten?
- ☐ Kann Ihr Kind in einer anatomisch günstigen Sitzhaltung arbeiten?
- ☐ Hat Ihr Kind ausreichend Ruhe zum konzentrierten Arbeiten?
- ☐ Ist genügend Platz vorhanden, damit Ihr Kind die Bastelmaterialien um sich ausbreiten kann?
- ☐ Ist der Arbeitsplatz ausreichend durch Zeitungspapier, Wachstuch oder eine Plastikfolie geschützt, falls ein kleines Malheur passiert?
- ☐ Liegen alle benötigten Materialien bereit, damit Sie sich nicht zwischendurch auf die Suche nach Fehlendem machen müssen?

Planung

Wählen Sie die Bastelarbeiten auch unter dem Aspekt der Verfügbarkeit einer Betreuungsperson aus, damit die Arbeit nicht zur Enttäuschung Ihres Kindes aus Zeitgründen unterbrochen werden muss.

Hilfsmittel

Einige Hilfsmittel werden für praktisch alle Bastelarbeiten benötigt und sollten deshalb immer bereit liegen:

- ☐ Schere und Cutter
- ☐ Klebstoff und Klebefilm
- ☐ Transparentpapier zum Abpausen der Vorlagen
- ☐ Weicher und harter Bleistift
- ☐ Ggf. ein Falzbein zum leichteren Knicken von Karton

Hinweis zu Bastelmaterialien

Gerade für sehr kleine Kinder können Bastelmaterialien, ob gekauft oder gesammelt, gewisse Gefahren bergen. Achten Sie deshalb immer darauf, dass die Materialien keine scharfen Kanten haben, ungiftig sind, nicht verschluckt oder eingeatmet werden und auch nicht, wie z. B. bei Gummibändern und Schnüren, zum Abschnüren von Blutgefäßen führen können.

Bastelmaterial-Einkaufsliste

Zur Anfertigung von Bastelarbeiten werden meist einige grundlegende Materialien aus dem Bastelfachhandel benötigt:

- ☐ Tonkarton oder Tonpapier
- ☐ Buntpapier
- ☐ Krepp- und Seidenpapier
- ☐ Malstifte
- ☐ Wasser- und Bastelfarben
- ☐ Wolle, Märchenwolle, Watte
- ☐ Kordeln oder Dekobänder
- ☐ Nähgarn und Nadel für Aufhängungen
- ☐ Zahnstocher, Schaschlikspieße
- ☐ Bast, Perlen, Wattekugeln etc. laut jeweiliger Modell-Anleitung

Bastelmaterial-Sammelliste

Sinnvoll und kostensparend ist zudem die Anlage einer Bastelkiste für alle möglichen Dinge, die sich zum Basteln eignen:

- ☐ Holzstücke, Blätter, Kastanien, Eicheln, Tannenzapfen, Nussschalen, Moos, Steine, Muscheln, Federn etc.
- ☐ Eierkartons
- ☐ Kartonagen jeder Art (auch Waschmittelkartons)
- ☐ Stoff- und Filzreste
- ☐ Leere Streichholzschachteln und Küchenrollen
- ☐ Knöpfe, Sekt- oder Weinkorken etc.

Tipp

Damit Sie leicht einschätzen können, welche Bastelarbeiten für Ihr Kind geeignet sind oder wenn Sie mit Kindern unterschiedlichen Alters basteln, sind die Modelle in diesem Buch mit Sonnensymbolen versehen, die einen Hinweis auf die für die Anfertigung des jeweiligen Objekts notwendigen Fertigkeiten geben:

- ab ca. 2 Jahre knüllen, reißen ☼
- ab ca. 3 Jahre schneiden, kleben ☼☼
- ab ca. 5 Jahre falzen, zusammenfügen ☼☼☼

Fetziges Federvieh

1. Auf die weiße Pappe mit dem Bleistift die Umrisse des Hahnes zeichnen.

2. Schnabel, Kamm und Kehllappen mit gelber bzw. roter Farbe bemalen.

3. Weißes Papier in Fetzen reißen und als Federkleid auf den Körper des Hahnes kleben. Die Perle als Auge aufkleben.

4. Aus farbigem Krepppapier längere Schwanzfedern reißen und diese an den Körper kleben.

5. Die Leiste mit dem Cutter in zwei gleich lange Stücke schneiden (jeweils ca. 40 cm) und als Beine hinter den Körper des Hahnes kleben. Zur Verstärkung dabei am besten zusätzlich Paketklebestreifen verwenden.

6. Auf eine Leiste einen Fuß aus Tonkarton kleben. Die zweite Leiste bleibt ohne Fuß, weil der Hahn damit in die Erde gesteckt wird.

Material

- Weiße Pappe, ca. 40 x 60 cm
- weißer Tonkarton, weißes Papier, buntes Krepppapier
- Bastelfarben, Pinsel
- gelbe Holzperle
- Cutter, Schere, Bleistift
- Holzleiste, ca. 80 cm lang
- Klebstoff
- Paketklebestreifen

Fritz Hase

1. Von der Längsseite einer braunen Krepppapierrolle einen ca. 6 cm breiten Streifen abschneiden. Den Streifen in der Mitte falten.

2. Das braune Ei mit dem Streifen umwickeln, bis der Bauch des Hasen dick genug ist. Eventuell einen weiteren Streifen zuschneiden und weiterwickeln. Die Enden mit Klebstoff bestreichen und zusätzlich mit einer Stecknadel feststecken.

3. Dann den Kopf des Hasen aufrollen. Dazu wiederum einen Streifen von der Krepppapierrolle abschneiden. Den aufgerollten Kopf auf den Bauch kleben.

4. Zwei Ohren und zwei Arme aus Krepppapier ausschneiden und ankleben. Zwei Perlen als Augen mit Stecknadeln in dem Hasengesicht feststecken. Außerdem zwei Wollfäden durch eine rosafarbene Perle ziehen, die Perle als Nase ankleben.

Hanna Henne

1. Von der Längsseite einer weißen Krepppapierrolle einen ca. 6 cm breiten Streifen abschneiden und genauso aufwickeln wie bei dem Hasen beschrieben.

2. Aus einem weiteren Streifen den Kopf aufrollen und an den Körper der Henne kleben.

3. Aus Tonpapier einen Kamm, einen Kehllappen sowie einen Schnabel ausschneiden und an den Kopf kleben. Perlen als Augen mit Stecknadeln in den Kopf stecken.

4. Federn als Schwanz hinten an die Henne kleben.

Material

Fritz Hase
- 1 braunes, hart gekochtes Ei
- braunes Krepppapier
- 2 kleine weiße Holzperlen
- 1 rosafarbene Holzperle
- etwas Wolle
- Stecknadeln
- Klebstoff, Schere

Hanna Henne
- 1 weißes, hart gekochtes Ei
- rotes und gelbes Tonpapier
- Federn, Perlen
- Stecknadeln
- Klebstoff, Schere

Küken-Schar

1. Aus Zeitungspapierstreifen Kugeln formen, pro Küken je eine kleinere für den Kopf und eine etwas größere für den Bauch. Die Kugeln dann mit Klebestreifen umwickeln, damit sie schön fest werden.

2. Das Krepppapier in lange Streifen schneiden und die Kugeln damit umwickeln. Dabei ab und zu etwas Klebstoff unter die Streifen streichen. Von den umwickelten Kugeln je eine kleine und eine größere zusammenkleben.

3. Aus Tonpapier Schnäbel, Füße und Kämme ausschneiden und an die Küken kleben. Perlen als Augen und Federn als Schwänze ankleben.

Ottilie, das Osterhuhn!

1. Im ersten Schritt den Luftballon aufblasen und zuknoten.

2. Zeitungspapier in Streifen reißen und diese dick mit Kleister einstreichen. Nun Streifen für Streifen um den Luftballon legen.

3. Alles gut durchtrocknen lassen und dann weiß anmalen.

4. Aus festem weißen Papier Hals und Kopf ausschneiden.

5. In die Oberseite der Form ein Loch schneiden und den Hals einkleben. Auge, Schnabel, Kamm und Kehllappen aus Buntpapier schneiden und an den Kopf des Huhns kleben.

6. Das ganze Huhn mit weißen Federn bekleben und Streifen aus Krepppapier als Schwanzfedern ankleben.

Material

Küken-Schar
- Zeitungspapier
- Krepppapier
- Tonpapier
- Klebeband
- Perlen, Federn
- Schere, Klebstoff

Ottilie, das Osterhuhn
- Luftballon
- Zeitungspapier, Buntpapier, festes weißes Papier
- Tapetenkleister, Klebstoff
- Schere, Cutter
- Bastelfarben, Pinsel
- weiße Federn
- Krepppapier in verschiedenen Farben

Fensterblumen ☼

1. Ein Stück von der Klebefolie abschneiden. Die Größe richtet sich danach, wie viel Fensterfläche beklebt werden soll.

2. Aus dem Transparentpapier Blüten und Stängel ausreißen und zunächst auf einer glatten Fläche so zurechtlegen, wie das Fensterbild später werden soll.

3. Nun die Schutzschicht von der Klebefolie abziehen und die Blumen direkt auf die klebrige Seite pressen. Dann das fertige Blumenbild direkt auf die Fensterscheibe kleben.

Die schöne Gärtnerin ☼☼☼

1. Die Konturen der Gärtnerin sowie einen Arm separat auf Pappe zeichnen und beide Teile mit dem Cutter ausschneiden. Auf die Pappe ein Gesicht und die Hand malen.

2. Aus drei langen Krepppapierstreifen einen Zopf flechten, die Enden mit einem Band zubinden und den Zopf rings um das Gesicht kleben.

3. Die geblümten Papiere auf die Figur legen und aus diesen das Kleid und eine Schürze sowie aus Tonpapier Strümpfe, Schuhe und einen Hut zuschneiden. Die Rückseiten der zugeschnittenen Teile mit Sprühkleber einsprühen oder mit Klebstoff bestreichen und aufkleben.

4. Mit der spitzen Seite der Schere ein Loch durch Arm und Körper stechen. Beide Löcher übereinander legen, eine Musterbeutelklammer hindurchstecken und die Klammerenden so umbiegen, dass sich der Arm noch gut bewegen lässt.

5. Für die Blume einen Krepppapierstreifen um den Pfeifenputzer wickeln, mit einem Faden festbinden und den oberen Rand des Krepppapiers auseinander ziehen. Die Blume danach hinter der Hand festkleben.

6. Den Holzstab grün anmalen, mit Klebstoff oder Klebestreifen hinter die Figur kleben. Zum Spielen einen zweiten Holzstab hinter den Arm kleben, die Gärtnerin mit der einen Hand festhalten und mit der anderen den Arm auf und ab bewegen.

Material

Fensterblumen
- Klebefolie
- Transparentpapier oder Seidenpapier
- Schere

Die schöne Gärtnerin
- Feste Pappe
- Geschenkpapier mit Blumenmotiven
- Tonpapier, Krepppapier
- Bastelfarben, Pinsel
- 1 Pfeifenputzer, Faden
- 2 Holzstäbe, 1 Musterbeutelklammer
- Cutter, Schere, Klebstoff oder Sprühkleber

Blumen im Topf ☼☼

1. Zuerst aus einem langen Streifen Wellpappe einen Blumentopf aufrollen und die Kanten verkleben. Um den oberen Rand des Topfs einen schmaleren Streifen Wellpappe kleben.

2. Die Pfeifenputzer mit grünen Krepppapierstreifen umwickeln, die Papierenden festkleben und auf jeden dieser Blumenstiele eine Perle kleben.

3. Unterhalb der Perlen aus farbigen Krepppapierstreifen Blüten um die Stiele rollen. Diese mit Nähgarn festknoten.

4. Die oberen Ränder der Blüten auseinander ziehen. Dann die Blumen in den Blumentopf stecken.

Wunderblume ☼

1. Die Kaffeefiltertüte braun anmalen.

2. Die Wattekugel auf das Holzstäbchen stecken. Danach der Kugel mit Filzstiften ein lustiges Gesicht aufmalen.

3. Einen Streifen rotes Seidenpapier so falten, dass einige Lagen Papier übereinander liegen. So kann man mehrere Blüten gleichzeitig ausschneiden.

4. Die Blüten rund um die Wattekugel kleben.

5. Das Holzstäbchen mit Filzstiften grün anmalen und Blätter aus grünem Seidenpapier daran kleben.

6. Nun das Holzstäbchen durch die Filtertüte schieben und dann den Blumenkopf aufstecken. Zum Spielen das Stäbchen auf und ab bewegen. So taucht die Wunderblume aus der „Erde“ auf oder verschwindet wieder.

Material

Wunderblume
- 1 Kaffeefiltertüte
- rotes und grünes Seidenpapier
- 1 Holzstäbchen
- 1 Wattekugel
- Klebstoff, Schere
- Filzstifte

Blumen im Topf
- Krepppapier in verschiedenen Farben
- Pfeifenputzer
- Wellpappe
- Holzperlen in verschiedenen Farben
- Nähgarn
- Klebstoff, Schere

Schaukel-Ente ☼

1. Den Rand des Papptellers mit blauer Bastelfarbe bemalen. Die Farbe trocknen lassen, dann den Teller in der Mitte falten.

2. Auf den Tonkarton den Kopf und den Hals einer Ente aufzeichnen und mit der Schere ausschneiden. Unten in den Hals einen Schlitz schneiden und diesen nun auf auf den Pappteller stecken. Den Entenhals zusätzlich mit Klebstoff am Teller fixieren.

3. Augen und einen gelben Schnabel aufmalen und ein paar Federn auf die Schaukel-Ente kleben.

Überraschungs-Ei ☼☼

1. Zeitungspapier in Streifen reißen, einkleistern und um den aufgeblasenen Ballon kleben.

2. Trocknen lassen. Dann oben zackenförmig aufschneiden. Mit weißer Farbe anmalen und etwas Konfetti einstreuen.

3. Die Wattekugel auf den Holzstab kleben und braun anmalen. Aus Tonpapier Ohren an den Kopf und Arme an den Körper kleben. Stecknadeln als Augen und Nase feststecken, einen Mund aufmalen, dann Wollfäden als Barthaare aufkleben.

4. Einen Streifen Krepppapier unterhalb des Kopfes um den Stab wickeln, mit Klebstoff fixieren und einen pinkfarbenen Streifen Krepppapier als Schal darüber binden.

5. Den Stab von oben so durch das Ei stecken, dass er unten aus dem Ei heraus schaut. Beim Auf- und Abbewegen des Stabes taucht der Hase auf oder verschwindet wieder.

Material

Schaukel-Ente
- 1 Pappteller
- weißer Tonkarton
- Federn, Klebstoff
- Bastelfarben, Pinsel
- Schere

Überraschungs-Ei
- Zeitungspapier, Krepppapier, Tonpapier, Konfetti
- angerührter Kleister, 1 Luftballon
- 1 Holzstab, Stecknadeln mit Kopf, 1 Wollfaden
- Bastelfarben, Pinsel
- Klebstoff, Schere, Cutter

Lange Glückskarte

1. Einen langen gelben Streifen aus dem Tonpapier zuschneiden. Den Streifen wie eine Ziehharmonika falten. So lange arbeiten, bis die Anzahl der dabei entstehenden Felder die Wortlänge des Glückwunsches erreicht hat. Das letzte Feld etwas größer dimensionieren.

2. Ein Hemd aus pinkfarbenem Tonpapier zuschneiden, Knöpfe und ein Herz aufmalen und hinter den langen Streifen kleben.

3. An die Oberseite des Hemdes einen Kopf mit Wattehaaren und einer roten Zipfelmütze kleben. Zwei Beine und Schuhe aus Tonpapier ausschneiden und unten an den gelben Streifen kleben.

4. Dem Zwerg noch ein Gesicht aufmalen und eine Perle als Nase ankleben. Den Streifen beschriften. Zum Schluss den Glückwunsch mit Wäscheklammern z. B. an einer Leine fixieren.

Ein Herz für Dich!

1. Einzelne Bögen der Verpackungsseide in den Kleister tauchen, dann mit dem breiigen Papier auf einer festen Unterlage ein Herz formen. Dafür so viele Papiere verarbeiten, bis das Herz dick genug ist.

2. Dann das Herz mehrere Tage trocknen lassen. Mit dem Cutter von der Unterlage lösen und rot anmalen.

3. Wenn die rote Farbe getrocknet ist, mit den Glitzerfarben Muster auf das Herz malen.

4. Mit der Stricknadel ein Loch in das Herz stechen und ein Geschenkband durchziehen.

Material

Lange Glückskarte
- Tonpapier in verschiedenen Farben
- Watte, 1 Perle
- Filzstifte, Glitzerkleber (rot)
- Schere, Klebstoff
- 2 kleine Holzwäscheklammern

Ein Herz für Dich!
- Verpackungsseide
- angerührter Tapetenkleister
- feste Unterlage, Cutter
- Glitzerfarben, Bastelfarben, Pinsel
- Stricknadel oder Holzbohrer
- Schleifenband

Filter-Fee ☼☼

1. Die Filtertüte auf eine Lage alter Zeitungen legen. Mit einem Pinsel soviel Wasser auf die Tüte streichen, dass das Papier richtig nass ist. Dann mit dem Pinsel Wasserfarben in das nasse Papier tupfen. Alles gut trocknen lassen. Danach mit Glitzerstiften weitere Muster aufmalen.

2. Die Wattekugel rosa anmalen und mit Filzstiften ein Gesicht aufmalen. Engelshaar auf den Kopf kleben.

3. Einen langen goldenen Faden so auf die Stopfnadel fädeln, dass beide Fadenenden die gleiche Länge haben. An jedes Ende eine Perle für die Füße knoten. Dann den Faden mit der Stopfnadel durch die Filtertüte und dann durch die Wattekugel ziehen. Den Faden aufschneiden, die Stopfnadel herausholen und den Faden wieder für die Aufhängung verknoten.

4. Zwischen Wattekugel und Filtertüte einen weiteren Goldfaden binden. An die Fadenenden zwei Perlen für die Hände der Fee knoten.

Filter-Flatterling ☼

1. Die Filtertüten auf einen Stapel alter Zeitungen legen, mit einem Pinsel Wasser, dann Streifen für Streifen die Farben auftragen.

2. Einen ca. 20 cm lagen Streifen der Holografiefolie zu einer Rolle aufwickeln.

3. Die Wattekugel hautfarben bemalen, mit Filzstiften ein Gesicht aufmalen, dann zwei Stecknadeln als Fühler in den Kopf stecken. Eine kleine goldene Krone aus Krepppapier auf den Kopf kleben, dann die Wattekugel auf die Körper-Rolle kleben.

4. Die Flügel an die Rückseite des Körpers kleben. Damit die Figur stehen kann, Füße aus Tonkarton unter den Körper kleben.

Material

Filter-Fee

- Kaffee-Filtertüte, etwas Krepppapier
- Wattekugel
- etwas Engelshaar
- 4 Perlen
- Stopfnadel, goldene Schnur
- Wasserfarben, Pinsel, Filzstifte, Glitzerstifte

Filter-Flatterling

- Holografiefolie, etwas goldenes Krepppapier
- 2 Filtertüten, Tonkarton
- 1 Wattekugel, 2 Stecknadeln mit Köpfen
- Wasserfarben, Pinsel
- Klebstoff, Filzstifte

Ferkel-Leporello ☼

1. Das Glas auf den Tonkarton stellen und mit dem Bleistift den Kreis nachzeichnen. Direkt daneben drei weitere Kreise für die Ferkelparade aufzeichnen.

2. Dann die Kreise so ausschneiden, dass in der Mitte ein Steg stehen bleibt. An diesen Stellen werden die Kreise ziehharmonikaartig abwechselnd einmal nach außen, einmal nach innen gefalzt.

3. Aus Tonkarton Beine ausschneiden und je zwei Beine hinter jeden Kreis kleben. Danach Ohren und Ringelschwänze aus Neonpapier ausschneiden und ankleben.

4. Die Wäscheknöpfe mit Filzstiften orange anmalen und als Schnauzen aufkleben. Augen und einen roten Mund aufmalen und die Ferkel aufstellen.

Schweinchen Glück ☼☼☼

1. Den Luftballon aufpusten und zuknoten.

2. Das Zeitungspapier in Streifen reißen, mit dem Kleister bestreichen und Streifen für Streifen um den Ballon kleben. Gut trocknen lassen!

3. Die Toilettenpapier-Rollen um ein Drittel kürzen und vier davon unter den getrockneten Ballon stellen. Wieder Papierstreifen einkleistern und die Beine damit an dem Körper fixieren.

4. Die fünfte Rolle ebenso als Schnauze an dem Ballon festkleben. Wieder alles trocknen lassen.

5. Nun den Ballon anmalen. Ringelschwanz und Ohren aus rosa Tonpapier ausschneiden und an den Körper kleben.

6. Will man das Schwein mit kleinen Geschenken füllen, oben mit dem Cutter einen so großen Schlitz hinein schneiden, dass eine Hand hindurchpasst.

Material

Ferkel-Leporello
- Tonkarton in Pink
- Neonpapier in Pink
- Wäscheknöpfe
- Filzstifte, Bleistift
- Trinkglas
- Schere, Klebstoff

Schweinchen Glück
- 1 Luftballon
- Zeitungspapier, rosa Tonpapier
- angerührter Tapetenkleister
- 5 Toilettenpapier-Rollen
- Bastelfarben, Pinsel
- Cutter, Schere

Hexen-Echse ☼☼

1. Auf die Längsseiten jedes Tonpapier-Bogens mit Lineal und Bleistift Streifen aufzeichnen. Ganz spitz beginnen und oben ca. 3 cm breit werden. Den nächsten Streifen von ca. 3 cm bis 5 cm zeichnen. Die Streifen ausschneiden, zu je einem langen Streifen zusammenkleben und daraus eine Hexentreppe falten (siehe Seite 10).

2. Für die Beine vier kleine Hexentreppen falten und seitlich an den Körper kleben. Mit Büroklammern fixieren, bis der Klebstoff trocken ist.

3. Aus Tonpapier einen Kopf und eine Zunge ausschneiden. Alles ankleben, Perlen als Augen ankleben. Stecknadeln mit rosafarbenem Kopf durch die Perlenöffnungen stecken, ankleben und die Spitzen auf der Rückseite mit einer Zange abkneifen.

Schlingel-Schlange ☼

1. Die Verpackungsseide in den Kleister tauchen, bis das Papier eine breiige Konsistenz hat.

2. Auf der Unterlage mit dem Papiermatsch eine Schlange formen. Trocknen lassen und bemalen.

3. Eine Zunge aus Buntpapier ausschneiden und an den Kopf kleben. Für die Augen Perlen aufkleben, danach Stecknadeln mit Köpfen durch die Perlenöffnungen stecken. Den Körper nach Wunsch mit bunten Pailletten bekleben.

Material

Hexen-Echse
- 2 Bögen Tonpapier in 2 Grüntönen, rosa Papier
- 2 Perlen
- 2 Stecknadeln mit Kopf
- Klebstoff, Schere, Büroklammern
- Bleistift, Lineal, Zange

Schlingel-Schlange
- Verpackungsseide, Tonpapier
- angerührter Kleister, feste Unterlage
- Perlen, Stecknadeln mit Kopf
- Bastelfarben, Pinsel
- Pailletten oder andere Glitzersteine
- Cutter, Klebstoff

Flatter-Falter

1. Für jeden Falter ein Stück rechteckiges Transparentpapier in der Mitte falten.

2. Kräftige Farben wie Rot oder Gelb auf eine Hälfte des Papiers tupfen. Die andere Papierhälfte auf die Farben pressen, sofort wieder öffnen und an der Luft trocknen lassen.

3. Nach dem Trocknen die Formen entlang der entstandenen Außenkanten ausschneiden.

4. Aus farbigem Transparentpapier für jeden Falter einen Körper und einen Kopf ausschneiden und jeweils in die Mitte kleben. Mit Filzstiften den Faltern noch Gesichter aufmalen.

Flieg, Käfer, flieg!

1. Den Körper und die Mütze zweimal aus roter Wellpappe ausschneiden und die beiden Körperteile zusammenkleben.

2. Kopf, Beine, und Strümpfe aus Tonkarton zuschneiden und an den Körper kleben. Die beiden Mützenteile an den Kopf kleben, dabei zwei Stecknadeln mit schwarzen Köpfen als Fühler zwischenfassen. Schwarze Tonpapierpunkte auf den Körper kleben. Ein Gesicht aufmalen, eine rote Perle als Nase aufkleben.

3. Aus einem quadratischen Stück Transparentpapier ein Windrad falten, so wie es auf der Zeichnung zu sehen ist. Dabei die Teile A, B, C, D zur Mitte hin biegen und dort eine Stecknadel mit Kopf durch die Spitzen stecken.

4. Hinter dem Windrad eine Perle als Abstandhalter auf die Stecknadelspitze stecken, dann das Windrad in die Pappe pieksen. Eventuell die Nadelspitze mit etwas Klebstoff bestreichen. Ein Holzstäbchen unten in den gewellten Karton bohren und den Käfer in die Erde stecken.

Tipp:

Die Falter sehen besonders schön im Gegenlicht aus, zum Beispiel in einem Fenster, das von der Sonne beschienen wird, oder aber auch in einem grünen Strauch.

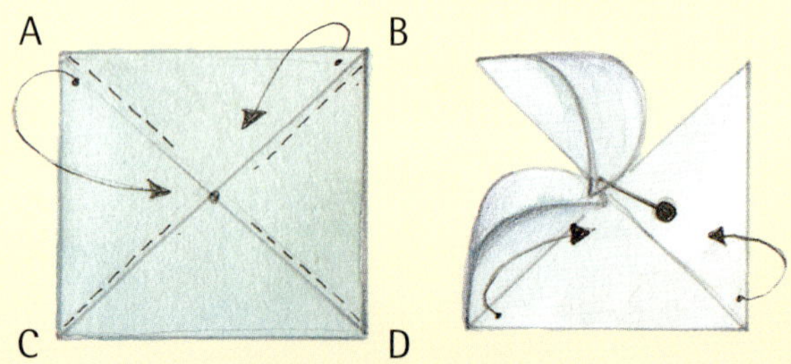

Material

Flieg, Käfer, flieg!
- Wellpappe
- Tonkarton in verschiedenen Farben
- Transparentpapier
- 1 Holzstäbchen, Zahnstocher, Holzperlen
- Stecknadeln mit Kopf, Filzstifte
- Bastelfarben, Pinsel
- Klebstoff, Schere

Flatter-Falter
- Transparentpapier, weiß und farbig
- Bastelfarben, Pinsel
- Schere, Klebstoff

Paul, der Pfau ☼☼

1. Die Umrisse eines Pfaus auf die Pappe zeichnen, ausschneiden und farbig bemalen. Die Farbe trocken lassen, dann den Vogelkörper mit glitzernden Papierschnipseln bekleben.

2. Ein rechteckiges Stück Folie wie eine Ziehharmonika falten und im oberen Teil dekorativ einschneiden. Einen Schlitz in den hinteren Bereich des Körper schneiden, das gefaltete Papier bis zur Mitte hindurch stecken. Die äußeren Kanten der Folie wie einen Fächer auseinander ziehen und die Längskanten zusammenkleben. Bis zur Trocknung die Klebestelle mit Büroklammern fixieren.

3. Einen Kamm aus Goldfolie ausschneiden, die Spitzen mit kleinen grünen Punkten bekleben und an den Pfau kleben. Auge und Schnabel aus Tonpapier ausschneiden und ankleben.

4. Die golden bemalten Wäscheklammern an den Vogelkörper klemmen und den Pfau aufstellen.

Riesenfächer ☼

1. Die drei Papierbögen jeweils wie eine Ziehharmonika falten und an den Längskanten zusammenkleben. Die Klebestellen solange mit Wäscheklammern fixieren, bis der Klebstoff getrocknet ist.

2. Dann die zusammengeklebten Papierbögen exakt mittig knicken und um die Mitte das Schleifenband binden.

3. Die äußeren Kanten fächerförmig auseinander ziehen. Die beiden oberen Längskanten zusammenkleben. An die unteren Kanten je eine Leiste kleben. Dabei alle Klebestellen wieder bis zum Trocknen mit Wäscheklammern fixieren.

Tipp:

Mit den überstehenden Enden der Leisten lässt sich der Fächer nach Bedarf öffnen oder schließen.

Material

Paul, der Pfau

- Pappe, Tonpapier
- Glitzerfolie in Grün, Blau, Gold
- 2 Wäscheklammern, Büroklammern
- Bastelfarben, Pinsel, Bleistift
- Cutter, Schere

Riesenfächer

- 3 Bögen Tonpapier in verschiedenen Farben
- Schleifenband, Schere
- 2 Holzleisten, Wäscheklammern
- Klebstoff

Alles dreht sich! ☼☼

1. Für jeden Kreisel mit dem Zirkel einen Kreis auf das feste Papier zeichnen. Den Kreismittelpunkt deutlich markieren!

2. Den Kreis ausschneiden und anmalen. Genau durch die Mitte des Kreises einen Buntstift stecken. Den Buntstift gut anspitzen, dann dreht er sich auf einer glatten Fläche besser!

3. Für die Kreiselkönigin von der Rolle ein Drittel abschneiden und anmalen. Der Wattekugel ein Gesicht aufmalen, Haare aus Wolle und eine Krone aus Goldpapier ankleben. Nun den Kopf in die Rolle kleben.

4. Das Holzstäbchen durch den Kopf bohren und genau durch die Mitte des Kreisels stecken. Dann den Rand der Rolle auf dem Kreisel festkleben.

5. Pfeifenputzer seitlich als Arme an der Figur anbringen und auf die Enden je eine Perle stecken.

6. Nun den Kreiseln Schwung geben und sie auf einer glatten Fläche tanzen lassen.

Tanzender Regenbogen ☼☼☼

1. Mit Wasserfarben auf das Aquarellpapier einen Regenbogen und eine graue Wolke malen.

2. Die Farben trocknen lassen, den Regenbogen entlang der Farbbögen in vier Teile schneiden. Die Wolke ebenfalls ausschneiden.

3. Aus gelbem Tonpapier die Sonnenscheibe, aus Alu-Krepppapier die Strahlen und aus Transparentpapier die Regentropfen ausschneiden. Die Strahlen hinter die Sonne kleben und der Sonne ein Gesicht aufmalen.

4. Mit einer Nadel Goldfäden durch die einzelnen Halbkreise ziehen und jeweils so verknoten, dass sich die Bögen frei bewegen können.

5. Auf den oberen Bogen die Wolke und dahinter die Sonne kleben. Mit Nähgarn die Regentropfen an die Wolke knoten.

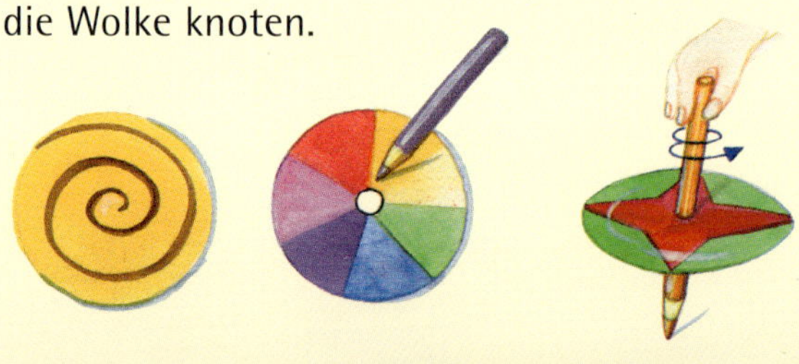

Material

Alles dreht sich!
- Festes Papier, Goldpapier
- 1 Toilettenpapier-Rolle
- 1 passende Wattekugel
- Pfeifenputzer, Wolle, 2 Perlen
- Zirkel, Schere, Bleistift
- Buntstifte, Holzstäbchen
- Bastelfarben, Pinsel

Tanzender Regenbogen
- 1 Bogen Aquarellpapier, DIN A3
- Tonpapier, Alu-Krepppapier in Gold
- Transparentpapier in Blau
- Wasserfarben, Pinsel
- Goldfaden, Nähgarn, Nadel
- Schere, Klebstoff

Aquarium ☼☼

1. Den Schuhkarton von innen bemalen. Während die Farbe trocknet, die Fische aus dem festen weißen Papier ausschneiden und mit Wachsmalfarben bunt bemalen.

2. Die Fische mit glänzenden Schuppen aus verschiedenen Folien bekleben.

3. Wasserpflanzen aus Tonpapier ausschneiden und in das Aquarium kleben.

4. Durch jeden Fisch einen Faden ziehen und festknoten, dann das andere Ende des Fadens durch den Kartondeckel ziehen, um ein kleines Hölzchen wickeln und festknoten.

Tipp:

Wenn man an den Fixierhölzchen zieht, bewegen sich die Fische herauf und herunter!

Glitzerfische ☼

1. Die Tortenteller so hinlegen, dass die beschichtete Seite unten liegt. Auf die oben liegende Fläche die Umrisse eines Fisches zeichnen.

2. Den Fisch ausschneiden und mit Wachsmalstiften komplett bemalen.

3. Aus Hologrammfolie Schuppen ausschneiden und den Fisch damit bekleben. Einen Knopf als Auge aufkleben und den Fisch schwimmen lassen.

Tipp:

Die Fische lassen sich nach dem „Wasserbad" wieder trocknen und können so mehrmals schwimmen.

Material

Aquarium
- Schuhkarton
- festes, weißes Papier, Tonpapier
- verschiedene Folien
- Nadel, Faden, kleine Hölzer
- Bastelfarben, Pinsel, Wachsmalkreide
- Klebstoff, Schere

Glitzerfische
- Tortenteller aus beschichtetem Papier
- Hologrammfolie, Goldfolie
- Knöpfe
- Wachsmalkreiden
- Schere, Klebstoff

Weißer Hai ☼

1. Den Tonkartonbogen zu einer Tüte aufrollen und die Kanten zukleben.

2. Eine Schwanzflosse ausschneiden, mit der Schere einen Schlitz in die Tütenspitze schneiden, die Schwanzflosse hinein schieben und verkleben.

3. Mit der Zackenschere das Maul zuschneiden und mit einem roten Filzstift umranden. Rotes Papier in das Maul kleben, Augen aufmalen.

4. Aus bemalter Pappe und Hologrammfolie einen kleinen Fisch basteln, einen Faden an den Fisch knoten und das Ende des Fadens am Maul des weißen Hais befestigen.

Tipp:

Zum Spielen den Hai oberhalb der Schwanzflosse anfassen, den kleinen Fisch hochschleudern und versuchen, ihn mit dem Haimaul aufzufangen.

Piratenschiff ☼☼

1. Für die Schiffswände aus der Pappe einen großen Kreis ausschneiden und diesen in zwei Halbkreise teilen. Die Teile anmalen, trocknen lassen.

2. Zwischen die Halbkreise einen ca. 5 cm breiten Streifen aus Wellpappe kleben, dabei die Klebestellen mit Stecknadeln fixieren. 5 cm unterhalb der Reling einen Streifen Pappe einkleben.

3. Aus Tonpapier einen Schornstein aufrollen, die Kanten verkleben, den Schornstein dann in das Schiff kleben. Watte in den Schornstein kleben. Aus weißem Papier ein Führerhäuschen falten und zusammenkleben, ein Dach aus rotem Papier aufkleben und alles neben dem Schornstein anbringen.

4. Für die Piraten Tonpapier aufrollen und an den Kanten verkleben. Mit Gesichtern bemalte Wattekugeln in die Rollen kleben und kleine Hüte aus Papier auf den Köpfen fixieren. Fertig sind die Piraten und können auf das Schiff gestellt werden.

5. Auf schwarzes Papier ein Piratenzeichen malen. Die Fahne an ein Holzstäbchen kleben und dann in dem Schiff feststecken.

Material

Weißer Hai

- Weißer Tonkarton, DIN A4
- Pappe, Hologrammfolie
- Nadel und Faden
- Zackenschere, Schere
- Filzstifte, Klebstoff

Piratenschiff

- Pappe, Wellpappe
- Tonpapier
- kleine Wattekugeln, Watte
- Bastelfarben, Pinsel
- Stecknadeln, Holzstäbchen
- Klebstoff, Schere

Schuppen-Tier ☼

1. Auf die Pappe die Umrisse eines Krokodils aufmalen. Zwei weitere Beine separat aufmalen und alle Teile mit dem Cutter ausschneiden.

2. Das Tier mit grüner Farbe anmalen und die Farbe gut trocknen lassen. Das Maul ausgestalten, ein Tierauge aufkleben.

3. Nun die Schuppen zuschneiden: Mit dem Cutter je zwei Seiten eines Dreiecks einschneiden und an der dritten Seite hochklappen. Auf diese Weise so viele Schuppen wie möglich auf der Fläche unterbringen.

4. Die gesamte Rückseite des Tieres mit farbigem Transparentpapier bekleben. Die Farbe des Papiers scheint dann durch die aufgestellten Schuppen.

5. Auf die Rückseite das zweite Beinpaar kleben. Wenn der Klebstoff trocken ist, die Beine so weit auseinander spreizen, dass das Tier gut steht.

Weiße Wüstenstadt ☼

1. Das Tonpapier in verschiedene Formate zuschneiden. Zum Beispiel in ein DIN A4-Format.

2. Das Papier in der Mitte oder an beiden Rändern falten, damit es später stehen kann.

3. Das Papier glatt auf einen festen Untergrund legen und mit dem Cutter Muster ausprobieren.

4. Die Formen aufstellen oder noch weiter verzieren. Mit Kuppeln aus Tonkarton, farbigen Türen oder mit Transparentpapier. Viel Spaß beim Experimentieren!

Tipp:

Sehr schön wirken die plastischen Formen, wenn sie in der Dämmerung von hinten beleuchtet werden, entweder mit einer kleinen Lampe oder auch mit Teelichten.

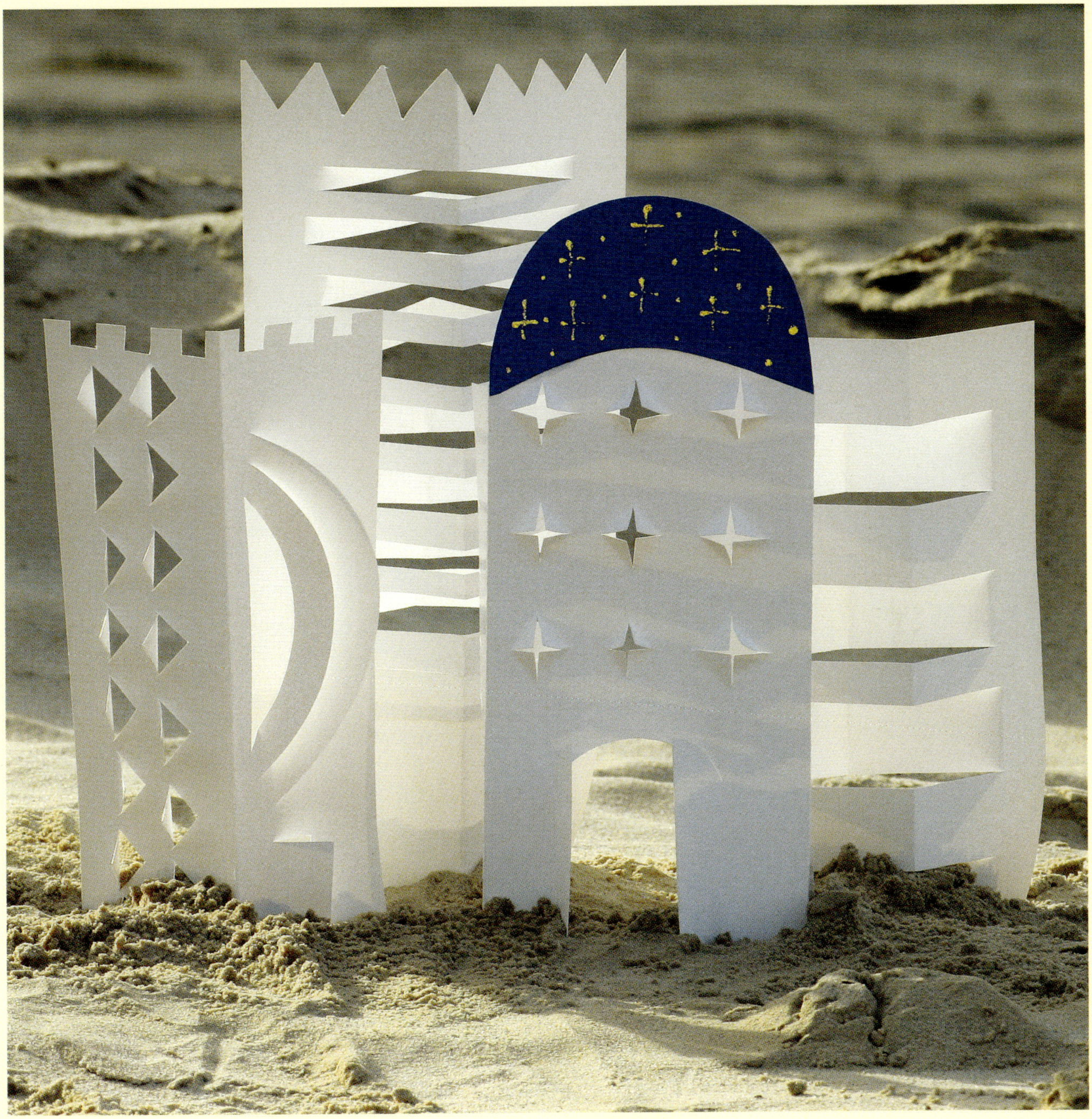

Material

Schuppen-Tier
- Pappe
- 1 Tierauge
- farbiges Transparentpapier
- Cutter, Schere
- Bastelfarben, Pinsel

Weiße Wüstenstadt
- Weißes Tonpapier
- blauer Tonkarton
- Goldstift
- Schere, Cutter
- Klebstoff

Pyramide ☼☼☼

1. Aus der Pappe ein ca. 50 cm großes Quadrat ausschneiden (siehe Zeichnung). Dazu die rot markierten Hilfslinien aufzeichnen. Die Spitzen treffen sich genau auf den Hilfslinien.

2. Alle schraffierten Teile mit dem Cutter abschneiden, dann die Dreiecke der Reihe nach hochbiegen, so dass sich die Spitzen in der Mitte treffen. Die Kanten mit Klebstoff bestreichen, zusammenpressen und mit Stecknadeln fixieren. Eventuell bis zum Trocknen Klebestreifen über die Klebekanten kleben.

3. Aus Pappe spitze Dreiecke und ein Rechteck für den Eingang der Pyramide zuschneiden und ankleben. Die Pyramide auf einen Untergrund aus Pappe stellen. Aus Tonpapier Palmenblätter ausschneiden und auf einen Stamm aus Pappe kleben. Den Stamm auf ein kleines Quadrat aus Pappe kleben.

4. Aus Pappstreifen Hügel für den Hintergrund ausschneiden, anmalen und hinter die Pyramide auf den Pappuntergrund kleben.

Blockhaus ☼☼☼

1. Die einzelnen Zeitungsbögen jeweils in drei Streifen schneiden.

2. Die Papierstreifen um einen Bleistift rollen, die Kanten zusammenkleben und den Bleistift wieder herausziehen. Auf diese Weise ganz viele Rollen herstellen.

3. Die Pappe mit Zeitungspapier bekleben, das wird das „Grundstück". Dann so viele Rollen nebeneinander kleben, bis die gewünschte Grundfläche des Hauses erreicht ist. Danach die Seitenwände hochziehen, dabei Rolle für Rolle übereinander kleben. Für Fenster- und Türöffnungen die Rollen kürzer schneiden und Lücken lassen.

4. Das Dach so kleben, dass immer eine Rolle vor der anderen liegt. Dann das Dach auf das Haus kleben.

5. Wenn Rollen übrig sind, einen Gartenzaun rings um die Blockhütte kleben.

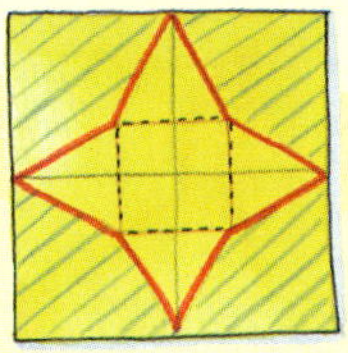

Material

Pyramide

- Pappe, grünes Tonpapier
- Lineal, Bleistift, Stecknadeln
- Bastelfarben, Pinsel
- Cutter, Klebstoff, Klebestreifen

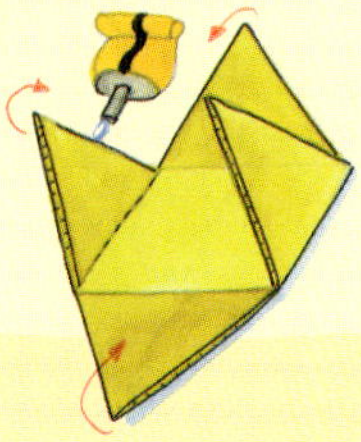

Blockhaus

- Pappe, Zeitungspapier
- Bleistift, Klebstoff
- Schere

Kater Rollo ☼

1. Die Wellpappe in lange, ca. 6 cm breite Streifen schneiden und aufrollen. Eine Rolle für den Bauch und eine für den Kopf anfertigen.

2. Kopf und Bauch zusammenkleben und ggf. zusätzlich mit Stecknadeln fixieren. Aus schwarzem Tonpapier Ohren und einen Schwanz ausschneiden und ankleben.

3. Augen, Nase und Barthaare aus farbigem Papier ausschneiden und an den Kopf kleben. Weiße Wattekugeln als Pfötchen an den Kater kleben.

Elefant Trollo ☼☼

1. Die Wellpappe genau wie für den Kater in ca. 6 cm breite Streifen schneiden.

2. Den Streifen aufrollen, bis ein schön dicker Bauch entsteht. Sollten die Streifen dafür nicht lang genug sein, immer wieder neue Streifen ankleben. Das Ende festkleben.

3. Den Kopf genauso rollen und kleben. Nur am Ende einen längeren Streifen als Rüssel herunterhängen lassen.

4. Den Kopf auf den Bauch kleben und mit Stecknadeln fixieren.

5. Aus der Pappe Beine und Ohren ausschneiden und ankleben. Stoßzähne und Mund nicht vergessen und Perlen als Augen mit Stecknadeln in der Wellpappe feststecken.

6. Zum Schluss ein Stück Sisalschnur zuschneiden und als Schwanz am kleinen Elefanten anbringen.

Material

Kater Rollo
- Wellpappe, Tonpapier
- 2 Wattekugeln
- Bastelfarben, Pinsel
- Stecknadeln, Schere, Klebstoff

Elefant Trollo
- Wellpappe, graue und weiße Pappe
- rosafarbenes Buntpapier
- 1 Perle, ein Stück Sisalschnur
- Stecknadeln, Klebstoff, Schere

Bunter Vogel ☼

1. Tonkarton doppelt legen und zwei runde Formen reißen, eine größere als Bauch, eine kleinere als Kopf. Pfeifenputzer als Hals und Beine zwischen die Papierformen kleben.

2. Schnabel und Augen aus gelbem Tonpapier ankleben. Schwanzfedern aus Papierschlangen zwischen die Bauchteile kleben.

3. Den Vogel mit den Beinen in Blumensteckmasse stecken und in eine kleine Schachtel stellen. Die Schachtel mit Gräsern aus Tonpapier bekleben, die Steckmasse nach Wunsch mit der Folie überziehen.

Flamingo ☼☼

1. Zeitungspapier zu Kugeln knüllen und mit Klebestreifen umwickeln. So für Kopf und Bauch des Flamingos eine größere und eine kleinere Kugel formen.

2. Zwei Holzleisten in den Bauch stecken und mit Klebestreifen fixieren.

3. In die Oberseite des Körpers zwei Holzstäbchen oder Draht als Hals stecken und die kleinere Kugel als Kopf aufstecken. Danach für den gebogenen Schnabel zwei Pfeifenreiniger in die Kopfkugel stecken. Alles mit Klebestreifen umwickeln.

4. Zeitungspapier in Streifen reißen, mit Kleister bestreichen und den gesamten Vogel mit mehreren Lagen solcher Papierstreifen umwickeln, bis der Flamingo eine schöne Form hat.

5. Den Kleister trocknen lassen, den Vogel anmalen, zwei Tieraugen in den Kopf stecken. Aus gelbem Tonkarton einen Fuß ausschneiden und an das nach vorne stehende Bein kleben.

Tipp:

Die andere Holzleiste etwas länger lassen und den Flamingo damit in die Erde stecken.

Material

Bunter Vogel

- Tonpapier, Papierschlangen
- kleine Schachtel
- Klarsichtfolie
- Pfeifenputzer
- Blumensteckmasse
- Klebstoff, Schere

Flamingo

- Zeitungspapier
- Klebestreifen, gelber Tonkarton
- angerührter Kleister
- 2 Holzleisten
- 2 Pfeifenputzer, Draht oder Holzstäbchen
- Tieraugen
- Bastelfarben, Pinsel

Hundekarte ☼☼

1. Das Papier wie auf der Zeichnung zu sehen falten. Dann mit einem Bleistift die Umrisse eines Hundes auf das gefaltete Papier zeichnen. Dort, wo das Maul sein soll, das Papier mit der Zackenschere oder einer Schere einschneiden.

2. Den Hund mit dicken Filzstiften farbig anmalen. Dann an der geknickten Mittellinie entlang den oberen Teil des Kopfes bis zum Maul nach außen knicken, so dass der Kopf des Hundes beim Aufstellen der Karte dreidimensional ist.

3. Ohren, Zunge und Zähne ausschneiden und ankleben.

Tipp:

Die Hunde in der Mitte knicken und im Briefumschlag verschicken!

Falt-Hund ☼

1. Zwei ca. 50 cm lange und 15 cm breite Streifen aus dem Packpapier ausschneiden.

2. Die Streifen einmal in der Mitte falten, aufklappen, die Hälften noch einmal zur Mitte hin falten und noch einmal zusammenfalten.

3. Einen Streifen in der Mitte falten und oben den Kopf abknicken. Den zweiten Streifen als Bauch um den ersten Streifen falten und hinten die Hinterbeine abknicken. Kopf, Bauch und Hinterbeine an den Knickstellen mit Klebstoff fixieren. Bis der Klebstoff trocken ist, am besten ein schweres Buch auf die Figur legen.

4. Den Hund mit Filzstiften bemalen, Ohren und Schwanz aus Packpapier ausschneiden und ankleben. Die Wolle als Leine um den Hals binden.

Material

Hundekarte
- Schreibpapier, Tonpapier, DIN A4
- Filzstifte, weißer Buntstift, Bleistift
- Schere, Zackenschere
- Klebstoff

Falt-Hund
- Packpapier
- etwas rote Wolle
- Filzstifte, weißer Buntstift
- Klebstoff, Schere

Kleiner Schatzhüter ☼☼

1. Aus dem Tonkarton Kopf, Hals und vier Beine ausschneiden.

2. Die Schachtel mit grüner Farbe bemalen. Sobald die Farbe trocken ist, die Beine und den Hals an die Schachtel kleben. In die Oberseite der Schachtel einen Schlitz schneiden.

3. Das Glitzerpapier in viele kleine Schnipsel reißen und das Tier damit bekleben. Tieraugen am Kopf anbringen und eine rote Zunge aus Tonkarton in das Maul kleben.

4. Einen grünen Pfeifenputzer als Schwanz in die Schachtel stecken und ein rotes Dreieck als Schwanzspitze an dessen Ende kleben.

Tipp:

Man kann in dem Schatzhüter Münzen oder andere kleine Schätze aufbewahren.

Bella Libelle ☼☼

1. Den Pfeifenputzer in der Mitte biegen und durch die dünne Rolle ziehen, so dass der hintere Teil gebogen heraushängt. Auf den vorderen Teil der Rolle die Wattekugel kleben.

2. Die Wattekugel grün anmalen, trocken lassen. Das Krepppapier in lange Streifen schneiden und vom Kopf aus um die Rolle und den Pfeifenputzer wickeln und kleben.

3. Aus der Holografiefolie kleine Schnipsel ausschneiden und auf den Libellenkörper kleben. Einen Streifen Klarsichtfolie in der Mitte zusammendrehen und als Flügel auf die Libelle kleben.

4. Mit einem Holzbohrer sechs Löcher in die Libelle bohren und sechs Holzstäbchen als Beine hineinstecken und festkleben.

5. Zwei Perlen als Augen und eine als Nase auf die Wattekugel kleben, zwei Stücke Blumendraht als Fühler in den Kopf stecken und zum Schluss einen roten Mund aufmalen.

Material

Kleiner Schatzhüter
- Rechteckige Schachtel
- Tonkarton
- glitzerndes Papier
- Tieraugen, Pfeifenputzer
- Bastelfarben, Pinsel
- Schere, Klebstoff

Bella Libelle
- Grünes Alu-Kreppapier
- Holografiefolie, Klarsichtfolie
- 1 langer Pfeifenputzer, 6 Holzstäbchen
- 1 Stück dünne Papprolle, ca. 8 cm lang
- Wattekugel, Perlen, Blumendraht
- Bastelfarben, Schere, Klebstoff

Apfelbaum ☼

1. Aus der Pappe einen Baumstamm ausschneiden. Dabei unten in den Stamm einen Schlitz schneiden und einen Teil davon nach vorn, den anderen nach hinten klappen.

2. Die Unterseiten der Flächen mit Klebstoff bestreichen und diese danach auf eine Pappfläche kleben.

3. Aus verschiedenen Tonpapieren die Baumkrone ausschneiden und auf die Äste kleben. Unten an den Stamm Gras aus Tonpapier kleben.

4. Aus rotem Seidenpapier Streifen schneiden, zu kleinen Kugeln knüllen und als Äpfel an dem Baum anbringen.

Magisches Auge ☼☼

1. Einen langen Faden auf eine Stopfnadel fädeln und auf die Tortenunterlage eine Art „Spinnennetz" nähen. Dabei die Fäden immer von der Mitte bis zum Rand ziehen.

2. Aus verschiedenfarbigen Krepppapieren lange Streifen zuschneiden.

3. Von der Mitte aus mit den Streifen die gesamte Unterlage im Kreis voll weben, einmal über, einmal unter dem Faden entlang. Dabei die Farben immer einmal wechseln. Die Enden der Streifen dabei jeweils mit etwas Klebstoff fixieren.

Material

Magisches Auge
- 1 Tortenunterlage aus Pappe
- Krepppapier
- Bindfaden, Stopfnadel
- Schere, Klebstoff

Apfelbaum
- Pappe, Tonpapier
- Seidenpapier, Krepppapier
- Cutter, Schere,
- Klebstoff

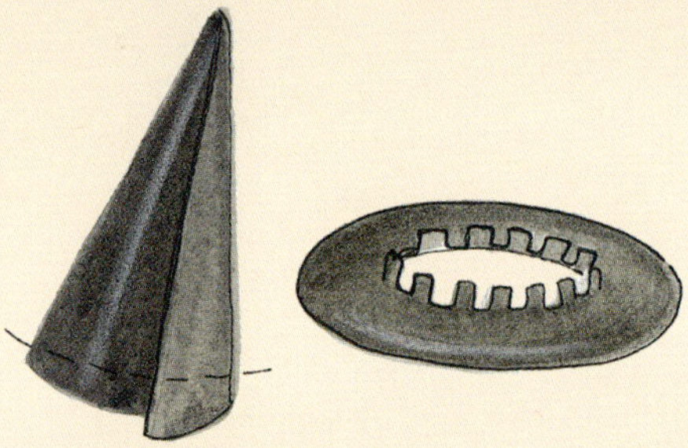

Hexenhut ☼☼

1. Von der Packpapierrolle einen ca. 1 m breiten Streifen abschneiden und zu einer Tüte aufrollen. Die Öffnung der Tüte sollte so groß sein, dass sie bequem über den „Hexenkopf" passt.

2. Aus dem Tonkarton eine Hutkrempe schneiden. Den Kreis in der Mitte so ausschneiden, dass er über den Kopf passt. Dabei die Kanten etwas überstehen lassen, zackenförmig einschneiden und die Tüte darauf festkleben.

3. Über die Klebestelle ein breites Band aus Krepppapier binden. Außerdem ein paar Spinnennetze mit Glitzerkleber aufmalen und eine kleine Spinne aus Tonpapier an einem Faden von der Hutkrempe baumeln lassen.

Spinnennetz ☼

1. Aus dem Transparentpapier eine Spinnennetzähnliche Form ausschneiden.

2. Einen langen Silberfaden in die Stopfnadel fädeln und auf das Papier ein Netz sticken. Dabei den Faden einmal über, einmal unter dem Papier entlang führen. Zum Schluss einen langen Faden für die Spinne hängen lassen.

3. Aus schwarzem Tonkarton eine Spinne ausschneiden, ein Gesicht aus Tonpapier aufkleben, Augen und Mund aufmalen. Dann das Ende des herunterhängenden Fadens durch den Spinnenmund führen, auf der Rückseite einen Knoten in den Faden schlingen, damit er nicht herausrutschen kann.

4. Das Spinnennetz so aufhängen, dass Licht hindurch scheinen kann.

Material

Hexenhut
- Schwarzer Tonkarton
- schwarzes Packpapier
- Krepppapier, Faden
- Silberstift oder Glitzerkleber
- Klebstoff, Schere

Spinnennetz
- Stärkeres Transparentpapier in Hellblau
- schwarzer Tonkarton, rosafarbenes Tonpapier
- Silberfaden, Stopfnadel
- Filzstifte
- Schere, Klebstoff

Glühender Geist ☼

1. Für jeden Geist vier Hexentreppen falten. Das werden Arme und Beine. Dazu jeweils zwei lange Papierstreifen übereinander legen und abwechselnd falten.

2. Am oberen Laternenrand Streifen aus Krepppapier festkleben.

3. Die Hexentreppen einmal seitlich als Arme an der Laterne festkleben, die Beine unter die Laterne kleben.

4. Aus Buntpapier Hände und Füße ausschneiden und festkleben. Zum Schluss Augen, Nase und Mund an die Laterne kleben.

Katzenlaterne ☼☼

1. Aus den Papptellern mit einem Cutter die Innenflächen herausschneiden.

2. Zwei Ohren aus Pappe ausschneiden. Die beiden Ringe und die Ohren orange anmalen.

3. Aus orangefarbenem Transparentpapier zwei Kreise ausschneiden und hinter die beiden Pappringe kleben. Danach die Ohren ebenfalls ankleben. Mit Tranparentpapier-Stücken das Katzengesicht aufkleben, weißes Papier für die Schnurrhaare zuschneiden und ebenfalls aufkleben.

4. Aus Wellpappe einen etwa 8 cm breiten Streifen zuschneiden und zwischen die Pappteller kleben, siehe Zeichnung. Die Klebestellen mit Stecknadeln fixieren, bis der Klebstoff trocken ist.

5. Für die Aufhängung jeweils ein Loch in die Ränder der Wellpappe stechen, ein Stück Blumendraht durchziehen und die Enden verdrillen.

6. Für die Beleuchtung etwas Knete auf dem Boden der Laterne fixieren und ein Teelicht hineindrücken. Oder alternativ einen batteriebetriebenen Leuchtstab einhängen.

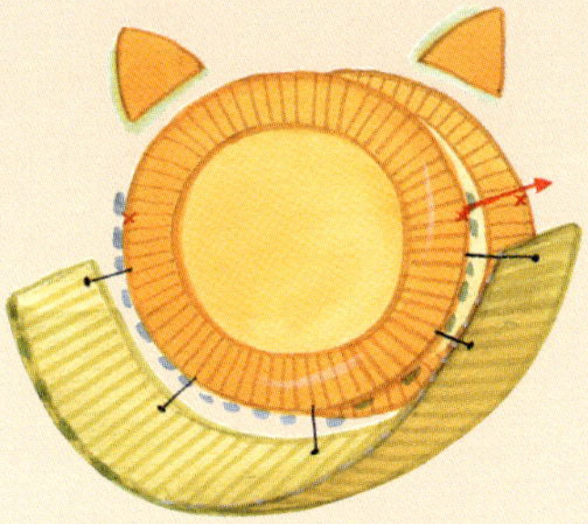

Material

Glühender Geist
- Lange runde weiße Laternen
- weißes Papier und Krepppapier
- Buntpapier
- Schere, Klebstoff

Katzenlaterne
- 2 Pappteller, 1 Streifen Wellpappe
- Transparentpapier in Gelb, Orange und Grün
- weißes Papier, etwas Pappe
- Blumendraht, Stecknadeln
- Schere, Cutter
- Filzstifte, Bastelfarben, Pinsel
- Teelichte, etwas Knete

Babys im Schlafsack

1. Die Teefilter in Wasser tauchen und auf eine wasserfeste Unterlage oder auf altes Zeitungspapier legen. Mit Wasserfarben anmalen und die Farben trocknen lassen.

2. Mit Filzstiften Muster auf die Beutel malen. Dann die Filter oben vorsichtig öffnen und mit Watte füllen.

3. Wattekugeln auf Zahnstocher stecken und anmalen. Gesicht aufmalen und Haare ankleben.

4. Nun den Zahnstocher in die Filtertüten stecken und den oberen Rand der Tüten mit einem Faden umwickeln.

5. Aus rosafarbenem Tonpapier Arme ausschneiden und an die Rückseiten der Filtertüten kleben.

Bett mit bunter Decke

1. Vom Deckel der Schachtel ungefähr ein Drittel abschneiden.

2. Die Schachtel von innen anmalen oder mit Papier bekleben.

3. Viele Quadrate aus verschiedenfarbigen Papieren ausschneiden und schachbrettartig auf die Schachtel kleben.

4. Zum Schluss die drei Babys in dem Bett zum Schlafen legen.

Material

Babys im Schlafsack
- Teefilter
- 3 Wattekugeln, rosa Tonpapier
- Zahnstocher, Faden
- Watte, etwas gelbe Wolle
- Bastelfarben, Pinsel
- Filzstifte

Bett mit bunter Decke
- 1 flache Schachtel mit Deckel
- Buntpapier
- Klebstoff
- Cutter, Schere
- Pinsel, Bastelfarben

Löwenschule

1. Den gelben Tonkarton zu einer Tüte aufrollen und zusammenkleben. Die Klebestellen zusätzlich mit Klebestreifen oder Büroklammern fixieren, bis der Klebstoff getrocknet ist.

2. In den oberen Rand der Tüte einen Streifen Krepppapier kleben. Seitlich zwei Arme aus Tonkarton ankleben.

3. Tieraugen aufkleben, ein Maul aufmalen und Nase und Barthaare aus Papier ankleben.

4. Aus Tonkarton Streifen reißen und als Mähne rings um das Löwengesicht kleben. Außerdem den Streifen Marabufedern rings um die Papierstreifen kleben.

5. Aus schwarzem Tonkarton eine Rechteck ausschneiden, mit weißem Stift etwas darauf schreiben.

6. Seitlich in die Tafel mit der Schere zwei Löcher bohren, die Fäden durchziehen und verknoten. Die Enden der Fäden durch die Löwentatzen stecken und auf der Rückseite verknoten.

Ritter Löwenherz

1. Aus der Pappe mit dem Cutter einen Ritterschild schneiden. (Das muss ein Erwachsener tun!)

2. Auf den Aquarellblock die Umrisse des Schildes zeichnen und einen Löwenkopf darauf malen. Nach dem Trocknen ausschneiden und mit Sprühkleber auf die die Pappe kleben. Zwei Haltegriffe aus Bindfaden mit Klebestoff und Klebeband auf die Rückseite des Schildes kleben.

3. Ein Stück Pappe mit Silberspray einsprühen und nach dem Trocknen ein Schwert zuschneiden. Klinge und Griff übereinander kleben und mit einem Stück Bindfaden umwickeln.

Material

Löwenschule
- 2 Bögen gelber Tonkarton, 70 x 100 cm
- Krepppapier in Orange und Gelb, Buntpapier
- 1 Streifen Marabufedern
- schwarzer Karton, weißer Buntstift
- roter Faden, 2 Tieraugen
- Schere, Klebstoff, Klebestreifen, Filzstifte

Ritter Löwenherz
- Pappe, Aquarellblock
- Bastelfarben, Pinsel
- Silberspray, Sprühkleber
- Bindfaden, Klebeband
- Schere, Cutter, Klebstoff

Tütengeist ☼

1. Die Brottüten mit der Hand etwas öffnen und unten gerade schneiden, so dass sie gut stehen können.

2. Auf einer Seite der Tüte zuerst die Augen, dann den Mund ausschneiden. Den Mund mit dem roten Filzstift umranden.

3. Aus Transparentpapier Flügel ausschneiden und seitlich an den Geist kleben.

4. In der Dämmerung ein Teelicht anzünden und in die Tüte stellen. Das sieht schön schaurig aus.

Wiesen-Fee ☼☼

1. Aus dem weißen Tonkarton wie auf der Zeichnung einen Dreiviertelkreis mit dem Kopf ausschneiden. Außerdem zwei Arme zuschneiden. Den Kopf und die Hände bemalen.

2. Den Kreis an den Kanten zusammenkleben. Bis der Klebstoff trocken ist, die Klebestelle mit einer Wäscheklammer fixieren.

3. Auf den Bogen Strohseide mit Glitzerkleber Muster malen. Dann den Bogen an einer Schmalseite zusammenraffen und mit einem Faden zusammenbinden. Die Längsseiten verkleben.

4. Den abgebundenen oberen Teil in den Feenkörper stecken und dort festkleben. Dann das Kleid unten so weit auseinander ziehen, dass die Fee steht.

5. Lametta als Haar rings um das Gesicht kleben, die Arme an der Rückseite des Oberkörpers festkleben.

6. In der Dämmerung eine Lichterkette in ein großes Glas stecken und die Figur über dieses Glas stellen.

Material

Tütengeist
- Butterbrottüten aus Papier
- roter Filzstift, Teelichte
- weißes Transparentpapier
- Schere, Klebstoff

Wiesen-Fee
- 1 großer Bogen weiße Strohseide
- weißer Tonkarton
- Lametta, Faden zum Raffen
- Bastelfarben, Pinsel, Glitzerkleber
- Schere, Klebstoff, Wäscheklammer
- Lichterkette, großes Glas

Regen-Kobolde

1. Aus der Klebefolie einige Rechtecke ausschneiden. Aus zwei Rechtecken wird später ein Tropfen.

2. Aus verschiedenen Tonpapieren die Einzelteile der Zwerge, Kopf, Mütze, Körper, Füße ausschneiden. Von einem Rechteck die Schutzschicht abziehen und den Zwerg auf die Folie kleben. Von der zweiten Folie die Schutzschicht abziehen und genau über die erste kleben.

3. Die Folie mit dem Zwerg in Tropfenform schneiden. Mit der Nadel einen Faden oben durch den Tropfen ziehen und im Fenster aufhängen.

Im Abendlicht

1. Ein Stück farbiges Transparentpapier so zuschneiden, dass es einmal um den Laternenring passt. 2 cm als Klebekante dazu geben.

2. Den Streifen glatt auf den Tisch legen. Aus Transparentpapieren in verschiedenen Farben einfache Motive zuschneiden. Zum Beispiel Bäume, Hase, Zwerge, Sonne, Mond. Die Motive auf das glatte Papier kleben und den Klebstoff trocknen lassen.

3. Die fertigen Motive rund um die Ränder der Laternenringe kleben. Durch den oberen Rand einen Blumendraht ziehen und verknoten. Die Laterne entweder aufstellen und mit einem Teelicht beleuchten oder an einem elektrischen Laternenstab tragen.

Material

Regen-Kobolde
- Transparente Klebefolie
- Tonpapier
- Nadel und Faden
- Schere

Im Abendlicht
- Transparentpapier
- Laternenringe aus Pappe
- Schere, Klebstoff
- Blumendraht
- Teelicht oder Leuchtstab

Besuch vom Mars ☼☼

1. Den Kreis aus der Mitte des Papptellers herausschneiden. Den übriggebliebenen Rand silberfarben besprühen.

2. Ein trapezförmiges Stück Wellpappe hinter den unteren Rand des Tellers kleben. Dann Wellpappe-Räder mit Radkappen aus zusammengeknüllter Alufolie anbringen.

3. Aus grünem Tonpapier ein Mars-Männchen ausschneiden und hinter die Telleröffnung kleben. Ein Gesicht gestalten, Arme aus Tonpapier ankleben und über den Tellerrand schauen lassen.

4. Am Kopf etwas Blumendraht befestigen. Perlen auf die Drahtenden ziehen und den Draht verknoten. Zum Schluss mit hellblauem Transparentpapier den Teller mit dem Männchen hinterkleben.

Traumschiff ☼☼

1. Die Schachtel gelb anmalen, die Farbe trocknen lassen und mit etwas Glimmerfarbe noch einmal übermalen. Dem Vollmond ein Gesicht aufmalen.

2. Ein Papierschiff falten. Das Schiff mit Goldspray einsprühen.

3. Zwei Wattekugeln auf Zahnstocher stecken und Gesichter aufmalen. Dann je einen Streifen Krepppapier um den Zahnstocher wickeln und mit einem Stück Pfeifenputzer als Arme umwickeln. Den Püppchen Haare aus Krepppapier ankleben.

4. Etwas Watte in das Schiff stecken und die Püppchen in das Schiff setzen.

5. Einen Goldfaden durch das Schiff ziehen und an dem Mond befestigen.

Material

Besuch vom Mars
- 1 Pappteller, Wellpappe
- Tonpapier, Transparentpapier in Hellblau
- Alufolie, Draht
- Perlen, Farbstift
- Silberspray
- Klebstoff, Schere

Traumschiff
- 1 runde Schachtel
- Zeitungspapier, Krepppapier
- 2 Wattekugeln, Watte, Pfeifenputzer
- Glimmerfarbe, Goldspray, Zahnstocher
- Bastelfarben, Pinsel

Wunderwürfel ☼☼

1. Auf den Tonkarton mit Lineal und Bleistift eine Würfelform aufzeichnen, siehe Zeichnung!

2. Die Form an den aufgezeichneten Linien exakt ausschneiden und zum Würfel falten.

3. Will man den Würfel wirklich als Würfel benutzen, klebt man ihn ganz zusammen. Möchte man ihn als Geschenkbox nehmen, lässt man den Deckel offen.

4. Aus Buntpapier die Zahlen von 1-6 ausschneiden und auf die Würfelseiten kleben. Oder auch entsprechend viele Sterne darauf kleben.

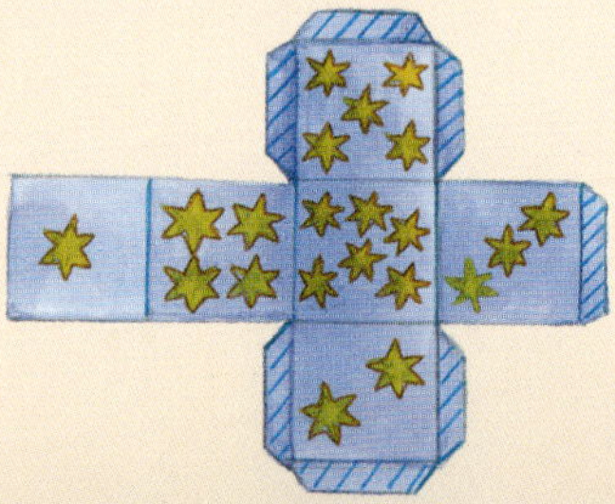

Sterntaler ☼☼

1. Den Karton von innen mit einem Nachthimmel bemalen. Die Farbe trocknen lassen und einen Mond aus Buntpapier auf den Himmel kleben.

2. Einen Streifen weiße Strohseide oben zusammenraffen, mit einem Faden umwickeln und festknoten. Die Seitenkanten zukleben. Fertig ist das Kleid!

3. Oben auf das Kleid die bemalte Wattekugel als Kopf kleben. Haare aus Krepppapierstreifen ankleben. Aus weißem Papier Arme ausschneiden, Hände aufmalen und seitlich in den Falten des Kleides festkleben.

4. Sterntaler in den Karton kleben. Viele Sterne aus verschiedenen Goldfolien ausschneiden an Fäden oben am Kartonhimmel befestigen.

Material

Wunderwürfel
- Tonkarton, Buntpapier
- verschiedene Folien
- Lineal, Bleistift
- Schere, Klebstoff

Sterntaler
- 1 Karton, Krepppapier, Buntpapier
- weiße Strohseide, weißes Papier
- verschiedene Goldfolien
- Wattekugel, Bastelfarben, Pinsel
- Nadel, Faden
- Schere, Klebstoff

Wunschpost ☼☼

1. Aus schwarzem Tonkarton die Form eines Raben ausschneiden. Schnabel, Auge, Beine und Stiefel aus Tonpapier ausschneiden und an den Raben kleben.

2. Aus Hologrammfolie eine Mütze zuschneiden und an den Kopf kleben. Um die Mütze und die Stiefel etwas Watte kleben und ein paar Watteflöckchen auf dem Rabenkörper verteilen. An den Schwanz eine Feder kleben.

3. Aus schwarzer Strohseide eine Ziehharmonika falten. Einen Schlitz in den Rücken des Raben schneiden, das gefaltete Papier durch den Schlitz schieben und an den äußeren Rändern als Flügel auseinander ziehen.

4. Hinter den Schnabel eine Wäscheklammer kleben. In die Klammer einen Brief an den Weihnachtsmann klemmen.

Sankt Martin ☼☼

1. Auf die Pappe den Umriss des Pferdes zeichnen, ausschneiden und mit weißer Farbe anmalen. Zwei Wäscheklammern ebenfalls weiß anmalen.

2. Aus Tonpapier einen Mantel, einen Arm und eine Mütze zuschneiden. Außerdem ein Gesicht, einen Handschuh sowie einen Schuh. Die Teile zusammenkleben. Dem Gesicht Augen, Nase, Mund aufmalen und einen Wattebart ankleben. Die Figur auf eine Wäscheklammer kleben und unten an die Wäscheklammer den Schuh kleben.

3. Aus Wolle Mähne und Schweif für das Pferd schneiden und ankleben, Halfter und Zügel umbinden. Einen Sattel aus Papier schneiden und ankleben. Die Wäscheklammern als Beine anklammern.

4. Sankt Martin auf den Sattel klammern. Einen Umhang aus einem Krepppapierstreifen umbinden, ein Kreuz aus Goldfolie ausschneiden und auf die Mütze kleben.

Material

Wunschpost
- Tonkarton, Tonpapier
- Hologrammfolie
- Strohseide
- 1 Luftpostbriefumschlag
- Watte, Feder, Wäscheklammer
- Klebstoff, Schere, Cutter

Sankt Martin
- Tonkarton, Pappe
- Krepppapier, Goldfolie
- 3 Wäscheklammern
- Wolle, Watte, Goldfaden, Nadel
- Bastelfarben, Pinsel
- Klebstoff, Schere

Wunder-Wichtel

1. Den Luftballon aufpusten und mit kleister-bestrichenen Zeitungspapierstreifen umwickeln. Trocknen lassen und oben ein Loch hinein schneiden. Anschließend ein Gesicht aufmalen.

2. Das ca. 15 cm hohe Stück Versandrolle mit Krepppapier bekleben. Unter die Rolle Füße aus schwarzem Tonkarton kleben.

3. Rings um das eingeschnittene Loch im Kopf einen großen Streifen Krepppapier kleben. Mit einem Band zu einer Zipfelmütze zusammenbinden.

4. Das Gesicht mit einem Wattebart bekleben und eine rot angemalte Wattekugel als Nase mitten in das Gesicht kleben. Den Kopf oben in der Versand-rolle festkleben. Dem Wichtel einen Schal aus Krepppapier umwickeln und ihn dann aufstellen.

Geschenkpapier

1. Das Seidenpapier auf einer glatten Fläche ausbreiten.

2. Auf einem Pappteller Farbe anrühren, einen Malschwamm in die Farbe tauchen und Schnee-männer auf das Papier drucken.

3. Aus orangefarbenem Transparentpapier Nasen ausreißen, auf die Schneemänner kleben. Augen und Hüte mit einem schwarzen Filzstift aufmalen, außerdem Schneeflocken mit Glitzerfarben.

Tipp:

Man kann in dem Wichtelkopf viele kleine Über-raschungen verstecken oder sogar 24 kleine Päckchen für einen Adventskalender. Dann muss man jedes Mal die Schleife an der Zipfelmütze öffnen, um sich sein Päckchen herauszuholen. Anschließend die Mütze wieder zubinden.

Material

Geschenkpapier
- Seidenpapier, Transparentpapier
- Pappteller
- Bastelfarben, Malschwämme
- schwarzer Filzstift
- Klebstoff, Schere

Wunder-Wichtel
- Zeitungspapier, Krepppapier, Tonkarton
- 1 Stück Versandrolle
- angerührter Kleister, Luftballon
- Wattekugel, Watte
- Bastelfarben, Pinsel
- Klebstoff, Schere

Strahlender Schweifstern ☼☼

1. Auf die Rückseite des Goldkartons die Umrisse eines Schweifsterns aufzeichnen und dann ausschneiden.

2. Aus der Mitte des Sterns ein kreisrundes Loch schneiden.

3. Den Kreis mit Transparentpapier hinterkleben und mit Filzstiften ein lustiges Gesicht aufmalen. Einen Streifen Wellpappe hinter den Kreis kleben. Die Zahnstocher so in die Wellpappe stecken, dass der Stern steht. Ein Teelicht in den Wellpappestreifen stellen und anzünden.

Leuchtender Schneekönig ☼☼

1. Die Ballons aufblasen und zuknoten. Seidenpapier in Streifen reißen, die Streifen mit Kleister bestreichen und Schicht für Schicht um die beiden Ballons kleben.

2. Alles gut trocknen lassen. Dann zwei kreisrunde Löcher oben und unten in jeden Ballon schneiden. Die Ballons übereinander kleben.

3. Mit Filzstiften ein Gesicht aufmalen, eine Nase aus Papier ankleben und einen Schal aus Krepppapier umbinden. Eine Krone aus Krepppapier zuscheiden und auf dem Kopf anbringen. In der Dämmerung ein Teelicht anzünden und in den Schneemann stellen.

Material

Leuchtender Schweifstern
- Goldkarton
- Wellpappe, gelbes Transparentpapier
- 2 Zahnstocher, Klebstoff
- Cutter, Schere
- Bleistift, Filzstifte

Leuchtender Schneekönig
- 2 weiße Luftballons
- weißes Seidenpapier, Krepppapier in Gold und Blau
- angerührter Kleister, Pinsel
- Filzstifte
- Cutter
- Teelichte

Eisprinzessin ☼

1. Der Wattekugel ein Gesicht aufmalen und Haare aus Wolle ankleben. Einen Zahnstocher in die Unterseite der Kugel stecken.

2. Einen Streifen weißes Krepppapier zuschneiden und unterhalb des Kopfes mehrfach um den Zahnstocher führen, mit einem Stück Nähgarn umwickeln und zuknoten. Das Krepppapier am unteren Rand auseinander ziehen.

3. Einen Umhang aus pinkfarbenem Krepppapier ausschneiden und ankleben.

4. Zum Schluss eine Krone aus Goldfolie ausschneiden und der Prinzessin aufsetzen.

Königliche Eis-Ente ☼☼

1. Die Milchtüte gründlich ausspülen und trocknen lassen.

2. Aus festem weißem Papier zwei identische Entenformen zuschneiden. Die Form sollte die Milchtüte bedecken.

3. Die Enten beidseits an die Milchtüte kleben und über die noch sichtbaren Flächen einen Streifen von dem weißen Papier kleben.

4. Um den unteren Bereich der Enten einen Streifen der selbstklebenden Holografiefolie anbringen.

5. Einen Schnabel und Augen aus gelbem Tonpapier sowie eine Krone aus der Goldfolie zuschneiden und an der Ente anbringen.
Mit Filzstift eine Pupille in die Augen malen.
Federn als Schwanz ankleben.

6. Mit einer Stopfnadel die goldene Schnur durch den Schnabel ziehen.

Tipp:

Die Eisprinzessin in die Ente setzen und über eine glatte Fläche sausen lassen. Auf einer echten Eisfläche funktioniert das besonders gut!

Material

Eisprinzessin

- 1 Wattekugel, Goldfolie
- etwas gelbe Wolle, Nähgarn
- weißes und pinkfarbenes Krepppapier
- Zahnstocher, Filzstifte, Klebstoff

Königliche Eis-Ente

- 1 leere Milchtüte
- festes weißes Papier, gelbes Tonpapier
- Goldfolie, selbstklebende Holografiefolie
- goldene Schnur, Federn, Stopfnadel
- Klebstoff, Schere, schwarzer Filzstift

Eisiger Schneemann ☼

1. Aus Zeitungspapierstreifen Kugeln formen. Die Kugeln mit Alufolie umwickeln.

2. Aus zwei unterschiedlich großen Kugeln einen Schneemann zusammenkleben. Arme aus Alufolie formen und seitlich an den Schneemann kleben.

3. Aus Tonpapier Hut, Nase und Mund ausschneiden und an der Figur anbringen. Etwas Watte auf dem Hut verteilen. Zwei Perlen mit Hilfe von Stecknadeln als Augen in den Kopf pieksen. Außerdem einen Schal aus Krepppapier um den Schneemann wickeln.

Glitzerkleid ☼☼☼

1. Die Umrisse des Engels auf festes weißes Papier zeichnen und mit dem Cutter ausschneiden.

2. Gesicht, Hände und Beine anmalen.

3. Den Engel auf eine feste Unterlage legen. Mit Cutter und Lineal längs in das Kleid im Abstand von 1,5 cm waagerechte Streifen schneiden.

4. Die verschiedenfarbigen Folien ebenfalls in ca. 1,5 cm breite Streifen schneiden. Dann das Kleid mit den Streifen durchweben. Dabei den Streifen abwechselnd einmal über und einmal unter dem Längsstreifen hindurchführen. In der nächsten Reihe versetzt weben.

5. Auf diese Weise Reihe für Reihe weben, bis kein Streifen mehr in das Kleid hineinpasst. Die Enden der Streifen auf der Rückseite festkleben.

6. Lametta als Haar rings um das Gesicht kleben. Einen Heiligenschein aus Goldfolie ausschneiden und hinter den Kopf kleben. Schuhe aus rosafarbenem Tonpapier an die Beine kleben.

7. Zum Schluss mit einer Stopfnadel einen Faden als Aufhängung durch den Kopf des Engels ziehen.

Material

Eisiger Schneemann
- Zeitungspapier
- Alufolie
- Tonpapier, Krepppapier
- Stecknadeln, Perlen
- Watte
- Schere, Klebstoff

Glitzerkleid
- Festes weißes Papier, rosafarbenes Tonpapier
- verschiedene Glitzerfolien, Lametta
- Bleistift, Bastelfarben, Pinsel
- Lineal, Schere, Cutter, Klebstoff

Eiszapfen ☼

1. Ein großes Stück Klarsichtfolie zuschneiden. In die Wattekugel ein Loch bohren und die Folie so in das Loch kleben, dass sie wie ein langes Kleid heraushängt.

2. Aus dem Krepppapier einen spitzen Hut zuschneiden und oben auf die Wattekugel kleben. Durch die Spitze des Huts einen Faden zum Aufhängen ziehen.

3. Der Wattekugel mit Filzstiften ein Gesicht aufmalen.

4. Für die Arme unterhalb der Wattekugel einen langen Pfeifenputzer einmal um die Figur knoten.

Schneeflöckchen ☼☼

1. Das Papiertaschentuch auseinander falten und an zwei gegenüberliegenden Seiten ca. 1 cm vom Rand abreißen.

2. Das Taschentuch wie eine Ziehharmonika falten, um die Mitte des gefalteten Papiers einen Faden wickeln.

3. Auf die Fadenenden die Wattekugel fädeln, die Enden danach zu einer Schlaufe verknoten.

4. Der Wattekugel ein Gesicht aufmalen, etwas Engelshaar an den Kopf kleben.

5. Dann die Papierlagen des Tuches vorsichtig auseinander zupfen, bis ein Kleidchen entsteht.

Material

Eiszapfen
- Klarsichtfolie
- Krepppapier in Silber
- Wattekugel, Nadel, Faden
- silberner Pfeifenputzer
- Filzstifte
- Klebstoff, Schere

Schneeflöckchen
- Papiertaschentuch
- Wattekugel, Engelshaar
- Nadel, Faden
- Filzstifte

Schöner Stern ☼

1. Aus den Papieren zwei lange Streifen ausschneiden (ca. 70 x 10 cm), wie eine Ziehharmonika falten und die beiden Streifen zusammenkleben.

2. Eine Seite der Ziehharmonika zusammenfassen, mit einer dicken Nadel einen Faden durch das ganze Papier ziehen und so zusammenknoten, dass sich der Stern später wie ein Fächer ausbreiten lässt.

3. Vorher aber noch mit der Schere Muster in den Stern schneiden. Dazu bleibt der Ziehharmonikastreifen zusammengefaltet und es wird gleichzeitig durch alle gefalteten Schichten geschnitten. Die obere Kante schräg abschneiden!

4. Zum Schluss den Stern wie einen Fächer auseinander ziehen und die Kanten zusammenkleben. Einen Faden durch den Rand des Sterns ziehen und den Stern daran aufhängen.

Die Heiligen Drei Könige ☼☼

1. Auf Pappe die Umrisse der Könige zeichnen und mit dem Cutter ausschneiden.

2. Gesichter aufmalen und um die Köpfe Haare aus Wolle oder Engelshaar kleben.

3. Aus Geschenkpapier und Goldfolie Kleider und Hüte so zuschneiden, dass sie den Figuren passen. Die Kleider ankleben und überstehende Papierränder mit der Schere abschneiden.

4. Hinter jeden Königs-Körper zwei Wäscheklammern als Beine kleben und an den Klammern Schuhe aus Tonkarton fixieren. Zum Schluss jedem König ein Geschenk aus Folienpapier hinter die Hand kleben.

Material

Schöner Stern
- Papier in 2 verschiedenen Rottönen
- Nadel, Faden
- Klebstoff, Schere

Die Heiligen Drei Könige
- Feste Pappe
- Geschenkpapierreste, Goldfolie, Tonpapier
- etwas Wolle, Engelshaar
- 6 Holzwäscheklammern
- Bastelfarben, Pinsel
- Klebstoff, Schere, Cutter

Glitzerkugeln ☼

1. Das Zeitungspapier mit den Händen zu Kugeln knüllen. Die Kugeln mit Klebestreifen umwickeln. Dabei darauf achten, dass die Kugeln schön rund bleiben.

2. Die Kugeln nun mit den glitzernden Papierschnipseln bekleben.

3. Wenn der Klebstoff trocken ist, mit einer dicken Stopfnadel den Goldfaden als Aufhängung durch die Kugeln ziehen und verknoten.

Tipp:

Damit die Hände beim Bekleben der Kugeln nicht verkleben, kann man die Kugeln auch auf ein Holzstäbchen stecken.

Engel und Kobolde ☼☼

1. Zwei gleich lange Streifen Goldpapier zuschneiden und bis zur Hälfte der Streifen abwechselnd übereinander falten.

2. Die einzelnen Streifen noch einmal der Länge nach einschneiden und weiterfalten. Das werden die Beine. Aus je zwei schmaleren Streifen die Arme falten und seitlich an den Körper kleben.

3. Für den Spitzhut aus Goldfolie einen Halbkreis ausschneiden und die Längsseiten zusammenkleben.

4. Mit der Nadel einen Faden durch den Hut, eine Styroporkugel und danach durch den oberen Rand des vorbereiteten Körpers ziehen und verknoten.

5. Die Engel bekommen ein Kleid aus gefalteter Goldfolie und Flügel aus Transparentpapier. Eine Halskrause aus weißem Krepppapier nähen und den Kobolden um den Hals binden.

6. Die Stecknadeln als Nasen in die Styroporkugeln stecken und mit Filzstiften Augen und Münder aufmalen.

Material

Glitzerkugeln
- Zeitungspapier
- Glitzerfolie, Einwickelpapier von Schokolade
- Klebestreifen, Klebstoff
- Stopfnadel
- Goldfaden
- 1 Holzstäbchen

Engel und Kobolde
- Goldfolie, weißes Transparentpapier, Krepppapier
- kleine weiße Styroporkugeln
- Stecknadeln mit roten köpfen
- Nadel und Faden, Engelshaar
- Klebstoff, Schere

Frohes Fest!

1. Aus der Pappe ein Stück in doppelter Postkartengröße zuschneiden und bemalen.

2. Aus Buntpapier Mäntel, Mützen, Gesichter, Schuhe und Handschuhe für zwei Wichtel schneiden. Die Pappe in der Mitte knicken und auf jede Hälfte einen Wichtel kleben. Gesichter aufmalen und die Wattebärte nicht vergessen!

3. Aus einem langen schmalen Streifen Goldfolie eine Ziehharmonika falten, mit Folienschreiber „Frohes Fest" aufschreiben und je ein Ende des gefalteten Streifens auf die äußeren Handschuhe der Wichtel kleben.

Oh Tannenbaum!

1. Aus je einer Zeitungsdoppelseite drei Malerhüte falten.

2. Die Hüte so ineinander stecken und kleben, dass sie die Form einer Tanne bekommen.

3. Die kleine Papprolle als Stamm in den untersten Hut stecken und festkleben.

4. Den Tannenbaum anmalen und mit roten Perlen schmücken. Dafür die Perlen auf Goldband fädeln und mit der Stopfnadel an die Tanne nähen. Die Fadenenden verknoten.

Material

Frohes Fest!
- Pappe, Buntpapier
- Goldfolie, Folienschreiber
- Watte
- Schere, Klebstoff
- Bastelfarben, Pinsel

Oh Tannenbaum!
- Zeitungspapier
- 1 kleine Papprolle
- Bastelfarben, Pinsel, Schere
- Perlen, Goldband, Stopfnadel

Herzkörbchen ☼☼

1. Aus zwei verschiedenen Alu-Krepppapieren zwei Streifen schneiden (6 x 22 cm). Die Streifen in der Mitte falten, die Enden abrunden und vom Rand aus die Streifen dreimal einschneiden.

2. Dann mit den beiden Teilen das Herz weben. Teil 2 durch Teil 1, Teil 1 durch Teil 2 usw. (siehe Zeichnung!).

3. Das fertige Körbchen bekommt als Henkel ein Geschenkband angeklebt.

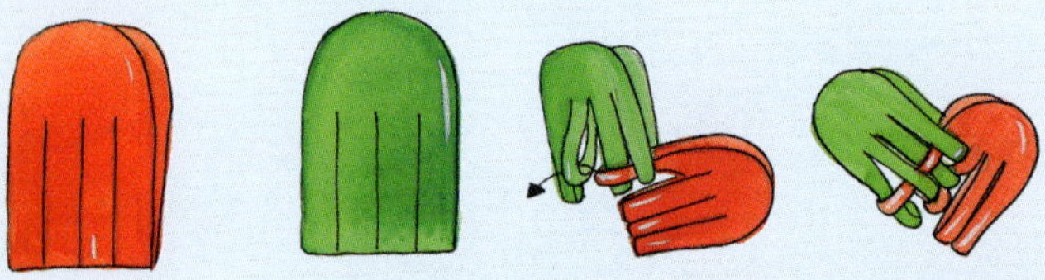

Rauschgoldengel ☼☼

1. Ein rechteckiges Stück goldenes Krepppapier (ca. 50 x 20 cm) wie eine Ziehharmonika falten.

2. Mit der Nadel einen Faden durch den oberen Rand ziehen, den Faden zusammenziehen und die Enden verknoten. Die Kanten des Krepppapier-Kleides zusammenkleben.

3. Der größeren Wattekugel ein Gesicht aufmalen, Engelshaar ankleben und einen Kreis aus Goldfolie als Heiligenschein an den Kopf kleben.

4. Den Kopf auf das Holzstäbchen stecken und unterhalb des Kopfes einen Pfeifenputzer so um den Holzstab wickeln, dass die Enden wie Arme abstehen. Kleine Wattekugeln als Hände auf die Enden der Pfeifenputzer stecken.

5. Das Holzstäbchen in das Kleid stecken und mit etwas Klebstoff befestigen. Aus silbernem Krepppapier einen Kreis ausschneiden, diesen wie auf der Zeichnung zuschneiden und als Umhang um das Kleid legen. Die Kanten verkleben.

6. Dem Engel eine Schleife aus Geschenkpapier um den Hals binden, danach Flügel aus Goldfolie zuschneiden und hinten an das Kleid kleben.

Material

Herzkörbchen
- Rotes und grünes Alu-Krepppapier
- Schleifenband
- Schere, Klebstoff

Rauschgoldengel
- Gold- und silberfarbenes Krepppapier
- Goldfolie
- Nadel und Faden
- 3 Wattekugeln (1 große für Kopf, 2 kleine für die Hände)
- 1 goldfarbener Pfeifenputzer, 1 Holzstäbchen
- Engelshaar, goldenes Geschenkband
- Schere, Klebstoff, Filzstifte

Schöne Bescherung!

1. Verpackungsseide zusammenknüllen und grob den Kopf und den Hals des Rentiers formen. Das geknüllte Papier auf den Pappuntergrund kleben.

2. Jetzt in Streifen gerissene Verpackungsseide in den Kleister tauchen und Schicht für Schicht über die bereits geklebte Form kleben. Oder auch ganze Papierbögen in den Kleister tauchen und dann die Form modellieren.

3. Die noch kleisterfeuchten Formen auf einen Pappuntergrund kleben, alles gut durchtrocknen lassen. Dann den Untergrund und das Rentier anmalen. Eine bemalte Wattekugel als Nase aufkleben, Augen aus Papier zuschneiden, aufkleben, die Pupillen mit Filzstift aufmalen.

4. Während die Farbe trocknet, viele kleine Päckchen packen und mit langen Bändern versehen.

5. Seitlich in den Kopf Ohren und Zweige als Geweih stecken. Die Zweige eventuell vorher goldfarben ansprühen! An dem Geweih die vielen Päcken aufhängen.

Tipp:

Das Rentierbild als Dekoration an die Wand hängen oder einfach neben dem Tannenbaum aufstellen. Wer das Rentier als Adventskalender einsetzen möchte, befestigt 24 Päckchen an dem Geweih.

Material

Schöne Bescherung!
- 1 großes Stück feste Pappe
- Verpackungsseide (größere Menge!)
- angerührter Kleister
- 2 Zweige, Tonpapier
- Bastelfarben, Pinsel, Filzstift
- viele kleine Päckchen

Herstellerverzeichnis

Papiere: Rayher Hobby GmbH,
Heyda Werk, Helmut von der Heyden GmbH,
über Hobby- und Bastelfachhandel

Impressum

Modelle, Foto und Styling: Sabine Lohf,
www.sabine-lohf.de

Redaktion und Lektorat: Ulrike Bogatz

Umschlaggestaltung: Franziska Döhler

Layout und Produktion: info@amadeus-prepress.de

Druck und Verarbeitung: Himmer AG, Augsburg

ISBN 978-3-86673-037-3
Art.-Nr. 2037

Der Verlag hat die größtmögliche Sorgfalt walten lassen, um sicherzustellen, dass alle Angaben und Anleitungen korrekt sind, kann jedoch im Falle unrichtiger Angaben keinerlei Haftung für eventuelle Folgen, direkte oder indirekte, übernehmen.

Die gezeigten Materialien sind zeitlich unverbindlich. Der Verlag übernimmt für Verfügbarkeit und Lieferbarkeit keine Gewähr und keine Haftung.